JN205541

# あなたの魂を照らす 60の物語

## Earthen Lamps

### 60 Parables and Anecdotes to Light Up Your Heart

OSHO

Amy Okudaira（奥平亜美衣）訳

大和書房

Copyright © 1966, 2011 OSHO International Foundation, www.osho.com/copyrights
2019 Daiwa Shobo. All rights reserved.

# Earthen Lamps

## 60 Parables and Anecdotes to Light Up Your Heart

Letters and parables written by Osho.
Originally published in Hindi as Mitti Ke Diye.

The complete OSHO text archive can be found via the online OSHO Library at www.osho.com/Library
OSHO® is a registered trademark of Osho International Foundation, www.osho.com/trademarks.

Japanese language translation rights arranged with Osho International Foundation,
Zurich, Switzerland through Tuttle-Mori Agency, Inc., Tokyo

日本語版権はOSHOインターナショナル・ファンデーション（スイス、チューリッヒ）との契約で、
タトル・モリ・エイジェンシー（東京）の仲介により大和書房が取得した。

# 序文

人間を深く見つめるとき、私がそこに見つけるものは何であろうか？　それは、人間はこの世のランプであるということだ。しかしそれは、ただの粘土でできたランプではない。その中には、太陽に真っ直ぐ向かう光の炎もある。人間の肉体は、土でできたものであるが、その魂はまさに炎なのだ。しかし、その上昇し続ける光の炎を忘れてしまった人間は、ただの粘土となる。その人は、上昇することをやめてしまったのだ。上昇することがなければ、そこに人生はない。

友よ、自分の内側に目を向けるのだ。思考《マインド》の中の煙を全て追い払い、意識の炎を見るのだ。限りある命を超えてあなたのヴィジョンを掲げ、永遠不滅のものを認知するのだ。永遠不滅であるものを認知することより重要なことはない。なぜなら、これを認知することで、あなたの中の獣性が死に絶え、神性が生まれるのだから。

# まえがき

寓話というのは、物事を間接的に伝える一つの方法だ。真実というのは、直接的に伝えることのできるものではない。そのやり方はとても暴力的であり、攻撃的であり、男性的である。真実は、非常に間接的な方法でのみ伝えることができる。それは、言外にほのめかされたり、指し示されたりする。真実を確信するということはできない。あなたは、真実について説かれるだけなのだ。

そして、マスターとは真実をあなたに確信させようとする人ではない。あなたを真実へと誘う人なのだ。寓話は、あなたを誘い込む。真実など探求していない人でさえ、寓話に不意打ちをくらうことがある。彼らは思いもかけず、何かを手に入れるのだ。

人々は、物語が好きだ。そして、物語はあなたの意識の周りに漂っているものである。それを忘れることは難しく、覚えていることは容易《たやす》い。物語は、あなたという存在の最も深い中心まで届く方法である。

Osho

The Perfect Master, Vol.1

あなたの魂を照らす60の物語

# 目次

# あなたの魂を照らす60の物語

# 第一話　海の音楽

こんな話を聞いた……。

何千年もの昔、神に捧げられたたくさんの寺院のある街が、海の下へと沈んだ。海へと飲み込まれた寺院の鐘は、鳴り続けている。おそらく、波がその鐘を打つのだろう、それとも魚が縦横無尽に泳ぎ回って鐘にぶつかるのだろうか。どんな理由にせよ、その鐘は来る日も来る日も鳴っており、浜辺から甘い音色が聞こえるという。

私もその音色を聞きたいと思い、浜辺を探し回った。何年も歩き探し回り、ついにその場所を見つけたのだが、聞こえたのは海が大きくうねる音だけだった。人気《ひとけ》のない浜辺で、波が岩にぶつかる音が繰り返しこだまするだけで、鐘の音も、音楽も聞こえなかった。私は神経を研ぎ澄まして聞こうとしたが、波の音以外に聞こえて来るものはなかった。

それでも、私はずっとそこで待っていた。ついには、私は帰り道を忘れてしまい、もう分からなくなってしまっていた。誰もいない浜辺だけが、私の人生の最後を看取る運命かのようだった。やがて、鐘の音を聞きたいという思いも消えていった。私は浜辺に腰をおろした。

ある夜突然、海に沈んだ寺院の鐘が鳴り出すのが聞こえた。そしてその甘い音色が、私の人生を喜びに満たし始めた。

その音色で私は眠りから覚めた。そして、私はそれ以来眠ることはなかった。私の中でいつも何者かが目覚めていて、眠りは完全に消え失せた。私の人生は光で満たされた。眠りも、暗闇ももうないのだから。

あなたも、その浜辺へ行きたいか？　あなたも、海に沈んだ鐘の音を聞きたいか？　それなら行こう、私たち自身の内側で進んで行こう。ハートは海だ、そしてその深さの中に、海に沈んだ寺院がある街が存在する。

どんな方法であっても、平静と注意深さを持つものだけが、その寺院の音楽を聞くことができる。思いと望みが大きく隔たっていたら、どうしてその音楽を聞けることがあろうか？　その音を聞きたいという望みそれ自体が、その音楽を発見する妨げになるのだ。

## 第二話

# 人生は、私たちが創造するとおりになる

ある暗い夜、私は空の星を見上げていた。私は寝静まった街で床についている魂たちに深い哀れみを感じた。可哀想に、一日大変な思いをして働いたあと、満たされない望みが満たされることを夢見ているのだろう。夢の中で彼らは生きて、夢の中で彼らは眠る。太陽も月も星も見ることはない。夢を見ているその目に、真実が映ることはない。真実を見るためには、夢に覆いかぶさった塵《ちり》を払いのけることが必要不可欠だ。

夜が更けるにつれて、星がその姿を現し始めた。刻一刻と、夜空は瞬く星で埋め尽くされていった。空だけでなく――私自身もその静かな美しさで満たされた。

魂がただようその空は、星が現れるから星で満たされるのであろうか？

人は、その人が見るもので満たされるというのが本当のところである。小さいものを見るものは小さいもので満たされ、偉大なものを見るものは偉大なもので満たされる。私た

ちの目は、魂へ通じる入り口なのだ。

木に寄りかかって座り、空を見上げて放心していた。そのとき、後ろから誰かが死んだように冷たい手を私の肩に乗せた。足音も聞こえたが、それは生命あるもののものではなく、その手には血が通っていなかった。暗闇だったにもかかわらず、私は彼の目の奥にある思惑を一瞬にして理解した。彼の身体に接触すると、彼の思考《マインド》から起こる風をも運んできた。この人物はかつては活き活きとしており若かったが、彼のそうした人生は大昔にどこかへ行ってしまい、彼が若さを取り戻すことはないだろうと思われた。

星の下で、私と彼は一緒に座った。私は少しでも温かくなるよう、彼の生気のない手を取った。私の温かさが、彼の手へ流れ込んだようだ。彼はひとりぼっちだったが、愛によって、彼は人生を取り戻すことができるかもしれなかった。

疑いをはさむ余地もなく、そのとき会話は必要なかったので私は黙っていた。その静寂の中、ハートは接近し言葉では埋められない傷が癒やされていた――静寂が癒やすのだった。言葉や声は、音楽全体を理解する障害となり、邪魔でしかなかった。

その夜は、とても静かで平和だった。沈黙の音楽が私たちを包み込んだ。彼はもはや知らない人ではなかった。私は彼の中にいた。そのとき、彼の石のような沈黙は終わり、涙が彼を溶かしたことを私は知った。彼は嗚咽し、全身を震わせていた。彼のハートの中で彼を嗚咽させているものが波になり、彼の身体の隅々まで行き渡っていた。彼は長い間、嗚咽し続けた。そして言った。「もう死にたいのだ。一文無しで失望している。私は何者でもない」

私は少しの間黙っていたが、ある話を思い出して、ゆっくりと彼に話し始めた……。

若い男がある神秘家に言った。「生活が私から全てを奪い去った。もう死ぬしかないんだ」

私は彼に、君がその男ではなかったかい？　と尋ねた。

神秘家は若い男に言った。「君の中に、隠された大きな宝が眠っているんだよ、分かるかい？　もしそれを売ったなら、何だって手に入るだろう。そして、最悪な生活から救ってくれるのだ」

もう一度彼に、君がその若い男ではなかったか、と尋ねた。確信は持てなかったが、その話がまた繰り返されているようなとても不思議な感覚を覚えた。

この話の中の若い男は驚いた。

そして、目の前にいるこの若い男も同じように驚いているのかもしれなかった。

「宝だって？　僕には一ペニーだってないっていうのに」彼は言った。

神秘家は笑い出し、言った。「おいで。王様のところへ行こう。王様はとても賢い。彼はいつだって、その隠された宝を見抜くことができるんだ。彼なら間違いなく、君の宝を買ってくれるだろう。これまでにも、たくさんの隠された宝の売人を彼のところに連れて行ったんだよ」

若い男は、何がなんだか分からないようだった。彼にとっては、神秘家の言うこと全てがパズルのようだった。しかしそんなことはお構いなしに、神秘家は彼を王様のもとへ連れて行こうとした。

その道中、神秘家は言った。「前もって済ませなくてはいけないことがいくつかある。そうしたら、王様と口論にならなくて済むからね。王様は、自分が好むものなら何も拒まないんだ、それがたとえどれほど高くてもね。だから、君がそれを売る準備ができているかが大事なんだ」

若い男が言った。「宝って何だ？　いったい何のことなんだ？」

神秘家は言った。「たとえば、君の目なんかどうだい？　君の目にいくらの値をつける？王様は五万ルピーまでだったら出すだろう。それで十分かい？　それか、君のハートや思考はどう？　それだったら、それぞれ十万ルピーかな」

若い男は驚いた。神秘家の気が触れたのかと思った。「気でも狂ったのか？　目だって？

ハートだって？　思考だって⁇　君が言っていたのはそういうことかい？　いくら値段をつけても売れるわけがないだろう！　僕だけじゃない、誰だってそうさ」

　神秘家は笑い出して言った。「僕の気が狂ったのか、それとも君かな？　君はこんなにたくさんの価値あるものを持っている、たとえ何十万ルピーでも売れないようなものだ。なのに、どうして君は貧しいふりをするんだい？　その宝は、君が使わないときには何の役にも立たない、その中身がいっぱいでもね。そしてその宝は、君が使うときは、中身なんてなくても最大限に有効活用できるんだよ。すでに私たちは宝を与えられているんだ。計り知れない巨大な宝だ。でも、それは自分で探して掘り当てなければいけないんだ。人生そのものより大きな豊かさはない。自分の人生に豊かさを見出さなければ、他のどこを探したって見つからないよ」

　もう、真夜中を過ぎていた。私は立ち上がり、若い男に言った。「行きなさい。行って眠るんだ。そして明日起きたら、違う男になっているよ。人生は、自分が創るんだ。自分自身の創造なんだ。死んだようなものにもできるし、永遠をつくることもできる――自分の選択次第だ。自分以外の何者のせいでもない。死は自然にやってくる。それを招き入れる必要はないんだよ」

人生を招き入れなさい。明晰さを招き入れなさい。それは、熱心な探求や努力、決意や絶え間ない挑戦によってのみ手に入れることができるであろう。

## 第三話

# 手放すことを手放す

王を知らぬ者などいなかった。彼の行う慈善活動は広く知れ渡っていた。慎み深く、己に厳しく、その清廉潔白で簡素な生活を人々は褒め称えたが、その結果、彼のエゴは際限なく大きくなった。彼は、神性とは程遠かったのだった。

ただ人の目に留まるということはいとも簡単だが、実在に近づくことはなんと難しいのであろう。人の目を見ようとしても、実在の目にはたどり着けない。その風貌に表れているものと内面とは全く異なったものだからだ。人の目というものは、深いところまでを見通すことはできず、いとも簡単に自分をごまかしてしまう。

しかし人は、そこまで深く洞察することができるだろうか？　結局のところ、他人の目にどう映るかということのために創り上げた自分自身のイメージというのは、何の役にも立たない。自分自身の内なる目の前で繰り広げられるものにこそ価値がある。そのイメージ、そして丸裸の素の姿こそが実在の鏡に映し出される。つまり、自分自身について知覚しているのと同じものが、実在の前に現れるのである。

王の名声はうなぎ登りだった。しかし、その魂は下降の一途をたどった。名声が広がるにつれて、魂は縮んでいった。枝葉は広がったが、根っこはどんどんと弱っていった。

王には友人がいた。友人の名はクベラといい、富の神であった。川の支流の全てが海に流れ込むように、富が彼の金庫へと流れ込んだ。王と彼は友人であったが全く対照的だった。クベラは慈善活動には一銭も投じることはなかったし、有名ではなかった。

王とその裕福な男は、ともに年をとった。ひとりはエゴでいっぱいで、ひとりは良心の呵責でいっぱいだった。王にとってはプライドこそが喜びで、裕福な男の良心の呵責は、もう一人の魂をちくりと突き刺した。寿命が近づくにつれ、王はますます自分のエゴに凝り固まっていった。何かがそうさせていた。しかし最後には、裕福な男の良心の呵責は彼の内側で変容を遂げようとしていた。王のエゴは、もはや彼を支えるものではなくなっていた。もう手放さなくてはならない時がやってきたのだ。

良心の呵責とは、プライドのもう一つの側面である。だからそれを置き去りにしていくことは難しい。良心の呵責の裏を返せば、それはプライドになる。同じように、享楽家は聖人になり、強欲な者は慈善家になり、残酷な者は情に溢れた者になる。しかし、基本的にはその魂に何の変容も起きていない。

裕福な男はマスターのところへ行き、こう言った。「私は迷っている。燃えさかる火の中で焼かれているようだ。私は平穏でいたいのです」

マスターは尋ねた。「それだけの富や評判、権力や能力をもってしても、平穏ではないと言うのか？」

「そのとおりです。いくら富があっても、その中には平穏はないということは痛いほど分かりました」

「それならば、あなたが富を奪った人へ全てを返しなさい。それからまた、私のところへ来なさい。質素で貧しくなってから来るのだ」

裕福な男はそのとおりにした。彼はまたマスターのところへ行き、そしてマスターは尋ねた。「今度は何だい？」

「私にはもうあなたしか頼る人がいないのです」と彼は言った。

とてもおかしなことに、マスターは怒ってさえいるようだった。今は貧しくなった裕福な男を家から追い出し、ドアを閉めた。その夜は暗く、森は静まりかえっていた。マスターの住む家以外には、身を寄せる場所はなかった。

裕福な男は、自分は素晴らしいことをしてからマスターのもとへ行ったと思っていた。しかしこの仕打ちは何なのだろう？

富をいくら積み上げたところで、それは無意味だと気づいていたが、富を手放すこともまた無駄なことではないか！

その夜裕福な男は、誰にも助けてもらえずに木の下で一夜を明かした。今彼には頼れるものも、友人も家もなかった。富も権力もなく、何も所有していないと同時に手放すものもなかった。しかし、朝目覚めた時、彼の心は言葉にできないほどの平穏に満ちていた。思考を支えるものが何もなくなると、彼は難なく実在が支えてくれていることに気づいたのだった。

男はマスターの足元に駆け寄ると、マスターも彼の足元へと膝をついた。マスターは彼を抱擁して言った。「富を手放すことはそれほど難しくはない。しかし、手放すことを手放すことはとても難しい。しかし、手放すことを手放すことができた者だけが、本当に富を手放すことができるのだ。世界を手放すことはできても、マスターを手放すことは難しい。しかし、マスターを手放すことができれば、さらに偉大なマスターに出会える。富であっても富を手放すことであっても、良心の呵責であってもプライドであっても、世界であっても俗世間への別れであっても——結局のところどんな心の支えであっても——神性への道の障害になる」

「どんなものでも心の拠り所がなくなればすぐに、それを超える拠り所が見つかるだろう。富であっても、宗教であっても、拠り所を探している限り、それはエゴを守るものを探していることになる。拠り所を手放せば、支えてくれるものも守ってくれるものもなくなる。そして思考は、自身の基本的実在の中に沈み消えていく。それこそが平穏だ。それこそが救済だ。そしてそれが、解脱なのだ。ほかに知りたいことはあるかい？」

今この時から、富のマスターでも貧しさのマスターでもない男は言った。「何もありません。何かを所有するという考え方は全くの間違いでした。そのことがまさに私を迷わせていたのです。手に入れる必要のあるものは、すでに手に入っていました。所有は、私が迷いこんだ所有競争の中だけのもので、本当は何も失うものはなかったし、手に入れることもなかったのです。今、私は平穏を望むこともなければ、解脱さえも望むことはありません。平穏も、信心も、救済も、すでにここにあるのですから」

# 第四話

# 宗教的な思考《マインド》とは？

私は老人たちのグループと一緒に腰をおろしていた。みんな隠居した老人で、ひたすらおしゃべりに花を咲かせていたが、社会についても今後についても何の役にも立たないことばかりだった。彼らは、宗教について話していたと言うだろう。

それは、ある意味では正しい。なぜなら経典の中身は役に立たないゴシップと同じようなものだらけだから。経典と呼ばれるものは、まさにここにいるような老人たちによって書かれたのかもしれないと思うことがある。

宗教とは何かと言うとしたら、それは人生そのものだ。しかし、このくだらない会話と何の関係があるというのか？　宗教とは何か、それは、本当の自分自身の発見だ。しかし、何の役にも立たないゴシップと何の関係があるというのか？

しかし、経典はそんな言葉で溢れている。敬虔と言われている人々の思考は、彼らの夢とごちゃ混ぜになりながら空へと昇っていく。経典の教えが、彼らの思考を本当の宗教の道へと導くことはない。

宗教的な思考とは何か?

宗教的な思考の私の定義は、一切の言葉、教え、思想から自由であることだ。宗教的な思考は、想像的なものではない。それどころか全く反対で、どこにでもありふれていて、確固たる真実の上に成り立つ理解以外のものではない。

老人たちの会話を面白く聞いているとき、聖人がやってきた。そのとき老人たちは、人はどうしたら救われるかという話をしていた。聖人は、その会話に入ってきた。彼がこの話題に関して誰よりも正しい意見をもっていることに疑いはなかったので、彼の声が一番大きかった。

皆、経典の中にその答えを探していたが、誰も他の人の意見を聞こうとはしていなかった。ある老人は、救済は何百回もの人生で苦しい修行をしなければ得られないと言った。別の老人は、救済は神の恩恵によってのみもたらされるもので、修行も何も必要ないと考えた。もう一人は、自分たちが無価値だというのは思い違いであるから、救済はそもそも必要ないのだと言った。そこには真実のかけらもなく、ただ想像の産物が蛇のように連なっていただけだった。

そこにいた一人が私に訊いた。「君はどう思うか？」何と答えようか？　私は誰とも目が合わないように、角のほうに隠れていた。私は経典について何も知らないのが幸いして、役に立たないおしゃべりに加わるという間違いは犯さなかったのだ。だから、この時も黙っていた。

しかし、すぐにまた別の誰かが「どうして黙っているんだい？」と言った。答えようとしたところで、何を言えばいいというのか？　そこにいるたくさんの老人が話していた中で、私一人が黙っていた。私は、沈黙を続けた。その揺るぎない沈黙が話し始めたかのように、皆が私に注目していた。おそらく、皆話に疲れていて、休みたかったのかもしれない。皆の視線が私に向いており、私は何かを言わなければいけなかった。そこで、こんな話をした。

若い男が結婚する際には、本人かその家族が少なくとも五千ルピーを結婚の儀式に使わなければいけないという掟のある村があった。とても裕福な村だったので、結婚の際には、誰もが五千ルピー以上を儀式に使っていた。このことはなんと村の経典にも書かれていたという。その経典を見た者は一人もいなかったが、村の僧侶がそう伝えており、誰もそのことについて僧侶に尋ねることなどできなかった。その経典は、昔からのその地方の言葉で書かれており、僧侶はその隅々まで暗記していた。経典というものは、決まって従わなくてはいけないもので、疑問を挟んではいけないものだ。それは真実なのだ。それより権威のある真実はあろうか？　経典に書かれているということは、それは真実だと保証されているということなのだ。

しかし、ある若い男とその花嫁は、たった五百ルピーで結婚の儀式を執り行った。間違いなく、この男は革命児だった。そうでなければ、こんなことができるはずがない。村の人々は尋ねた。「結婚式にいくらかかったんだい？」

「五百ルピーだ」彼は答えた。

村の議会が招集された。「これは全くもっておかしなことだ。結婚式には、五千ルピー以上かけなければいけないのだ！」

若い男は笑い飛ばして言った。「五百ルピーで結婚式をしてもよいのかそうでないかは、私にとっては何の意味もないことだ。あなたたちはそうやって議論を続けていればいい。私はこの花嫁と結婚して、この上なく幸せだよ」

そう言った後、男は家に帰った。

私も立ち上がって、老人たちに言った。「皆さん、さようなら。議論を続けるといいよ。私はもう行くことにする」

# 第五話

# 恐れの寺院はない

男は孤独だった。そして、暗闇の中にいた。彼を助ける者は誰もおらず、危険と恐怖を感じていた。孤独が、彼を不安にさせていた。

この恐れから逃れる方法は、宗教だった。宗教というのは、そもそも恐れを手放す方法だ。しかし、宗教――名ばかりの「宗教」というのは、恐れを手放すことをとても恐れる。宗教は人の心の中にある恐れによって存在し、持続しているのだ。恐れそのものが、宗教の栄養であり、活力である。恐れ知らずになっていくということは、宗教の命が終わっていくという前触れなのだ。

恐れというのは、人を食い物にする。宗教というのは、そうした搾取の後からついてくるものではなく、むしろ搾取を率先しているのかもしれない。恐れが続くからこそ、神秘家は存在できるし、恐れが続くからこそ、宗教における神は存在できる。迷信や超自然的なものというのは、人々を怖がらせるだけで、愉快なゲーム以上のものにさえなれない。恐れに基づいた「神」というのは、人を完膚なきまでに叩き潰してしまう。このゲームの代償は大きい。

人生は、恐れという蜘蛛の糸に搦《から》め捕られてしまう。恐れのあるところに、どうして喜びがあろうか？　愛があろうか？　平穏があろうか？　真実があろうか？　喜びは、恐れのないところにしかない。恐れとは死だ。恐れないこと、それこそが永遠の生命だ。

迷信が恐れの上に繁栄することは理解しやすいが、神が恐れのもとに存在しているとは狂っている。もし、神が恐れの上に成り立っているとしたら、人々が迷信にとらわれることから逃げる方法はない。

神、そして神性というのは、恐れとは全く無関係である。もちろん、神という名のもとに恐れを悪用する輩《やから》もいる。宗教というものは、信者たちの手中にあるものではない。真実が明らかにされるときはいつも、悪魔が最初にそれを掌握しているとされている。宗教を伝え体系化する者は、悪魔と敵対するというだけでなく、根本的にいつも何かと敵対している。宗教には必ず敵が存在するという事実が長い間認識されないでいると、人間の未来は良いものにはならないか、希望を持つ価値がなくなる。

宗教は、不信心な人々によって支えられるのではなく、いわゆる信心深い人によって支えられなければならないということが、事を難しく、面倒にしていることに疑いはない。

宗教が恐れに基づいている限り、それは本当の宗教ではない。神性の基本は愛である。恐れには何の関係もない。人には、愛の神が必要である。愛を通してしか、神性にたどり着くことはできない。恐れは間違いというだけでなく、命取りでさえある。というのも、恐れのあるところには憎しみがあるから、そこに愛が存在することは不可能なのである。

宗教は恐れの上で繁栄するということが、寺院が徐々に廃れていった理由である。寺院は、愛のためにある。恐れの寺院というのは存在しない。恐れの寺院はない。恐れにあるのは、監獄だけなのだ。

私はこう尋ねる。「宗教の寺院というのは、寺院なのか監獄なのか？　もし、宗教が恐れに基づいているのなら、寺院は監獄となるだろう。もし、宗教が恐れに基づいているのなら、神というものは、監獄の看守以外のものにはなれないだろう」

宗教とは何か？　罪への、罰への、そして地獄への恐れか？　それとも、善い行いをする代わりに天国へ行けるという欲か？　いや、宗教とは恐れでも欲でもない。欲というのは、恐れの延長である。宗教には、恐れはない。宗教にはどんな恐れもないのだ。

ずっと昔、こんなことが起こった……。

二人の兄弟が、街に住んでいた。二人は、街で一番の金持ちだった。その街の名前はたしか、「暗闇の街」だっただろうか。

兄はとても信心深く、毎日きちんと寺院に通っていた。慈善活動にも熱心で、善い行いをしていた。宗教についての講話を聞いたり、議論したりもした。そして、兄は立派な人々や聖職者と時間をともにしていた。兄がいるからこそ、兄の家に聖職者たちは毎日集まっていた。

兄は神や聖職者に傾倒していたため、次の人生では天国に行く資格があることを疑っていなかった。兄の善良な仲間や聖職者たちは、そのことは経典によって確約されていると兄に説いた――経典とは、その仲間のような人や聖職者によって編纂《へんさん》されたものだ。兄は、人々から搾取して大金持ちになった一方で、慈善活動に精を出し善い行いをしていた。

慈善活動なしに、天国へ行くことはできない。搾取なしに、金持ちになることはできない。富というのは宗教的な活動とは正反対のものから生み出されるが、宗教は富をあてにしている。兄は人々から搾取するが、立派な人々や聖職者たちは兄を搾取した。相互にもたれかかって成り立っているのだ。

しかし、兄はいつも弟を不憫に思っていた。弟は、お金儲けも下手であったがゆえ、宗教活動をすることもできなかったのだ。弟の日頃の行いは、愛と真実に溢れ、それは神に通じる道だった。弟は、寺院に行くこともなければ、経典のイロハも知らなかった。誰が見ても弟は惨めであり、あちらの世界での弟の預金残高は底をついていた。

弟は、通常人が病気の感染を避けるかのように、立派な人々や聖職者を避けていた。聖職者が兄弟の家のドアから入ってきたなら、別のドアから出ていった。信心深い兄は、不信心な弟を改心させることはできないかとよく聖職者に尋ねていたが、弟本人と対面しなければ心変わりさせることはできないのだった。そして弟は、決して聖職者の前に姿を現そうとはしなかった。

しかしある日、凄腕と言われる聖職者が兄弟の家にやってきた。誰も、彼がどれほどの不信心者を改心させてきたのかは知らなかった。彼は、平和理論や宗教信念、脅威や分裂について精通していた。彼は、人を宗教へと改心させる専門家だったのだ。

宗教の基盤は、彼のような聖職者によって支えられている。そうでなければ、宗教というものはずっと昔に消えてなくなっていただろう。

兄がこの聖職者に、再度弟を改心させるようお願いしたところ、聖職者は言った。「心配ない、馬鹿者はそのうちトラブルに遭う。そうしたらすぐさま、弟が神を、そして私の言ったことを思い出すように仕向けよう。いつも通りのことだ」

そう言いながら彼は杖を取りあげ、兄について行った。彼は以前レスラーだったのだが、聖職者のほうがレスラーより良い職業だということに気づき、聖職者になったのだった。家に入るとすぐに、聖職者は弟を捕まえた。捕まえただけでなく、地面めがけて打ちのめし、その胸の上に座ったのだ。弟は、何が起きたのか分からなかった。驚きで声も出なかったが、なんとか「一体何なのですか？」と訊いた。

聖職者は答えた。「ハートを変えるのだ」

弟は笑って言った。「私の上からどいてください。これが、人のハートを変える方法ですか？　注意してください、あなたは、私に怪我をさせるかもしれないのですよ」

聖職者は言った。「我々は、肉体なぞ信じていない。神を信じているのだ。『ラム』(※)と言えば、解放してやろう。そうでなければ、私より酷いものはいないということを思い知ることになるぞ」

聖職者はとても寛大だったので、弟のために、弟を殴るというレベルまで降りてきたのであった。

弟は言った。「恐れと神との関係とは何でしょうか？　神に名前はあるのですか？　私が生きようと死のうと、この状態で、『ラム』と言うことはできません」そして弟は、聖職者を払いのけた。

聖職者は倒れながら言った。「なんと素晴らしい！　お前は言うべきことを言った。この状態で、『ラム』と言うことはできません、と言う中で神の名を口に出したのだ」

兄は、聖職者を押し倒した弟に対して怒り狂ったが、聖職者に対しては大満足だった。彼は、不信心者の弟に「ラム」の名を言わせたのだ。たとえ間違いだったとしても、「ラム」の名を口にした栄光というのはとても素晴らしいことで、人生を海の向こうへと連れて行ってくれるものだ。この日、彼は村をあげての祝祭を執り行った。ついに、弟が信心深くなったのだ！

※ラム……ヒンドゥー教のラーマ神を表すマントラ。自分が持っている悪い性質を、ラーマという御名を唱えることで取り除くことができるとされている。

# 第六話

# 悪魔の言葉

ある神を崇拝している者たちが、別の神の偶像を破壊した。実のところ、これは目新しいことではない。よく起こっているありふれたことだ。人と人とが敵対するだけでなく、それぞれの神も敵対しあっている。実際、人がつくり出した神は、それをつくり出した人間とさほど違いはない。ある寺院が別の寺院と敵対するのは、人と人とが対立し合っているからだ。ある経典が別の経典の敵であるように、人もまた人の敵なのである。

人は、自分が信じる宗教さながらだ。その人の状態は、その人が信じる神と同様なのだ。友情を育む代わりに宗教は争いの道具となり、世界を愛で満たす代わりに憎悪と不和という毒で世界を満たしている。

私が戻ったちょうどその時、偶像が破壊されたことを聞いた。偶像が破壊された者たちが私のところへやって来たのだ。彼らはもっともらしい怒りに満ちていた。どのような怒りも良いものではないが、たとえそうだとしても、彼らは自分たちの怒りは正当だと言うだろうし、敵の寺院を破壊するまでは心安まることはないだろうと言う。「自分たちの宗教を守るため」だと言うのだ。

私が笑い出すと、彼らは驚いた。そうか、これは笑うような場面ではなかったかな？　彼らは極めて深刻であった。自分たちの宗教を脅かされることよりも深刻なことなどない、というのが彼らの見解なのだ。

私は友人たちに訊いた。「君たちは悪魔の言葉を理解しているか？」

彼らのうち一人が答えた。「それはどんな言葉なのか？」

経典の言葉は理解できるが、悪魔の言葉は理解していないのだ——しかし悪魔の言葉を理解していなくとも、経典そのものが悪魔の経典なのだ。

私は彼らにある話をした……。

小さな船が遠いところを目指して旅していた。船に乗り合わせた者の中に、貧しい修行僧がいた。船にはちょっかいを出すのが好きな者が何人かいて、ありとあらゆる方法でこの修行僧をからかっていた。修行僧が夜に祈りを捧げている際には、抵抗することができないだろうと見越し、修行僧の頭を靴で殴りつけ始めた。深い祈りに入っていた修行僧は、目から愛の涙を落とした。

その時、空から声が降りてきた。「愛する者よ、私に願いさえすれば、その船をひっくり返してあげよう」

修行僧をからかっていた者たちは怖がり始め、船に乗っていた他の旅人たちも心配し始めた。自分たちはふざけ過ぎたのだ。彼らは修行僧の足元に跪《ひざまず》き、謝り始めた。

修行僧は祈りを終えると立ち上がり、話し始めた。「心配することはない」そして顔を空に向けて言った。「親愛なる神よ、あなたは悪魔の言葉を話しているのか？　船をひっくり返すような戯れをするぐらいなら、この者たちの頭の中をひっくり返して欲しい。船をひっくり返して何になろうというのか？」

すると、空から再び声が降りてきた。「素晴らしい。君は物事を正しく認識できるようだ。先ほどの声は私の声ではなかった。悪魔の言葉を理解する者だけが、私の声も聞き分けることができるのだ」

# 第七話　勇気

真実を探求するのに最も大事なことは何か？

私は勇気と答えよう。真の自分を見出す勇気。ありのままの自分を知ること。これが最も重要なことだ。非常に難しいことではあるが、自分を知ることなしに真実を理解することなどできない。

覆い隠すもののない全くの裸のままの自分を知るよりも難しいことなどあるだろうか？だが、そうするしか真実にたどり着くことはない。そこからしか、真実への切望が始まることはないのだ。

真の自分であること自体が、真実への強い渇望の表れである。嘘という岸にしがみついている者が、どうやって船を漕いで真実の海を渡って行けるというのか？嘘という岸から離れなければならない。この嘘という岸こそが真実への旅の障害であり、人を縛り付けるものなのだ。岸が安全であることは疑いがないが、その安全を求める心が、人が嘘に頑なにしがみつく原因なのだ。

真実への旅に出るには、安全を求める気持ちを手放さなければいけない。それに加え、未知の世界へ乗り出すには、揺るぎない勇気が必要である。安全を手放す勇気を持たない者が、未知の世界を発見することなどない。危険に立ち向かう勇気を持たない者が、嘘の仮面や偽りの自分を脱ぎ捨てることなどできないし、安全を選んできた生き方から自由になることもない。

安全を求めるあまり、私たちは本来の自分ではない自分を演じているのではないか？全てのごまかしは、安心したいがための方法でしかないのではないか？　私たちの文明や文化とは何なのか？　高慢な者は謙虚に見せかけ、欲深い者は無欲を装い、搾取する者は慈善活動をする。人殺しは平和の美辞麗句を並べ立て、憎悪で思考をいっぱいにする者は愛の言葉を口にする。

こんな風に自分を騙すことはいとも簡単である。嘘の自分を演じることが難しかったことなどあっただろうか？　この便利な世の中では、魅力的な装飾品がいつでもバーゲン価格で売られている。だが忘れないで欲しい。それは一見安いように感じるが、長い目で見るととんでもなく高くつくのだ。このような装飾品の背後に自分自身を隠せば、現実からどんどん遠ざかってしまうのだから。アイデンティティーは覆いを失うことを常に恐れているから、現実と自分との間に埋めることができない溝をつくり出してしまう。そしてさらなる覆いや仮面の下に自分自身を隠し続けることになる。

嘘はひとりではやって来ない。嘘は自分を守るために、取り巻きを引き連れてやって来る。自分への偽りや恐れという網で私たちを取り囲み、私たちが自分を超える存在に目を向けることを不可能にする。嘘の仮面を失うのを恐れる者が、どうやって真実を明らかにするために必要な強さを手に入れることができるというのだろうか？　真実を明らかにする強さを手に入れるには、自分への偽りを捨て去る勇気を持つしかない。恐れに満ちた思考は、真実を発見することの敵である。

では、何が本当の味方なのか？　恐れない心が味方であり、真の自分をさらけ出せる者だけが思考から恐れを追い出すことができ、恐れから自由になれるのだ。真の自分を絶えず隠し続けることで恐れは増大し続け、内なる存在は力を失っていく。だが、自分自身をさらけ出すと、恐れは覚醒という光の中でかき消され、今までにない新たなエネルギーの根源をそこに見出す。

私はこれを勇気と呼ぶ。自分自身を発見する力、そしてそれを認識する力だ。これが勇気——真実に到達するためには避けることができないものだ。そしてこれが神へと向かう第一歩なのだ。

こんな面白い話がある……。


ある若者が、聖賢ハリドゥルマット・ゴータムの暮らす家にたどり着いた。この若者は真実を知りたいと願っていた。ブラフマン、つまり究極の宇宙原理を知りたいと切望していたのだ。若者は聖賢の足元に頭を寄せ、言った。

「マスターよ、私は真実を求めてやって来ました。どうか私にブラフマンの叡知を授けてください。今の私は無知であるため、光を求めているのです」

その若者の名はサットヤカマといった。

聖賢は彼に尋ねた。「我が息子よ、君は自分の血筋を知っているか？　父親は誰だい？父の名は何というのだ？」

この若者は自分の父について何も知らず、血筋についても何も知らなかった。

彼は母親のところに行き、このことについて尋ねると、聖賢のもとに戻った。そして母親から聞いたことをそのまま聖賢に伝えた。

若者は言った。「マスターよ。私は自分の血筋を知りません。それに父親のことも知りません。母もまた私の父が誰であるかを知りません。私が母に尋ねると、母は若い頃、社会的地位のある多くの男性と交際していて、彼らを楽しませるために何でもしたと言います。母は私が誰の子なのか知りません。母の名はジャバリといいます。そのため、私はサットヤカマ・ジャバルと名付けられました。母がマスターにこう伝えるようにと言いました」

ハリドゥルマットはこの話における紛《まが》いもない真実に大変感動した。彼はこの若者を抱き寄せ言った。「親愛なる息子よ、君は間違いなくバラモン（※）だ。真実に基づいていることこそが、バラモンの本質そのものなのだ。それに君は間違いなくブラフマンにたどり着くこともできるだろう。なぜなら、真実とは、真の自分と向き合う勇気のある者の所にやって来るのだから」

※バラモン……インドのカースト制度の中の最上位である司祭者階級

## 第八話

# 野心と劣等感

輪廻《りんね》——野心という軸の周りをぐるぐると廻るもの——を私は地獄と呼ぶ。燃えるような野心は人生を台無しにする。どんな重い病気や精神疾患と比べても、野心ほどひどいものはない——なぜなら、野心の嵐に惑わされた思考は、平穏や調和、そして喜びを感じることがないからだ。このような人は自分の居るべき場所に居ない——自分の居るべき場所に居ることで、平穏や調和や喜びが結果的にもたらされるのだ。自分の中に存在する自分の居場所に居ない人は病んでいる。内なる本来の場所に居る時、人は初めて健やかでいられるのだ。

ある若い女性が私に尋ねた。「野心の根本的な原因は何でしょうか?」

私は答えた。「劣等感、つまり不足感だ」

確かに、劣等感と野心は真逆のもののように思えるが、これらは本当に相反するものなのか？　いや、これらは相反するどころか、実は同じ感情の両端なのだ。一方の端にあるのが劣等感で、もう一方の端にあるのが野心だ。劣等感を解放しようとするとき、野心へと姿を変える。それは飾り立てられた劣等感なのだ。どんなに高価な服をまとったとしても劣等感が消えることはないし、克服されることもない。他人の目から隠されることはあっても、自分自身はそれを絶えず見続けることになる。服をまとえば他人の目には裸でなくても、自分は裸のままなのだ。

野心を持ち、他人から見れば目も眩《くら》むような功績を成し遂げた者が、その内側では依然として苦しみ続け、さらに大きな成功に向けて進み続ける理由がここにある。成功したからといって、内にある劣等感が克服されることはないのだ。実際のところ、毎回成功するたびに、それはさらなる成功に向けた新しい挑戦となる。成功したら解決するはずだったのに、成功は新たな問題の前触れでしかなくなってしまう。人生に起こる問題を間違った方法で解決した場合には、いつもこうなる。問題の解決策それ自体が、さらなる問題となってしまうのだ。

病気を隠すことで病気から逃れることはできないということを覚えておくことが大切だ。隠したところで病気が消えてしまうことはなく、かえって病気がひどくなるだけだ。やっかいな劣等感をごまかそうとして、思考を野心で満たし、劣等感を忘れようとする。さらに、野心という感覚に埋もれ、自分自身を忘れてしまうことも容易い。野心が世俗的なものであれ、悟りのためであれ、大差はない。野心は人を中毒にしてしまうのだ。この中毒症状によって自分自身を完全に忘れ去ってしまう。だが、この中毒の状態に一度慣れて陥ってしまうと、今度はそう簡単に中毒にはならない。そして思考は新たな強い中毒を求めるようになる。そして野心はどんどんと大きくなっていく。野心には終わりがない。始まりがあるのに終わりがないのだ。

さらに、世俗的な野心に飽きたり、死が近づいたりしてくると、いわゆる宗教的野心が湧き起こってくる。宗教的野心は魅惑的だ。宗教的な目標は達成したかどうかを見極めにくいので、失敗に対する恐れを抱きにくい。そのため、さらにひどい中毒に陥るということが現実に起こる。

自分自身を真の自分から切り離そうとする限り、様々な形の野心の熱に苦しむことになる。真の自分とは違う存在になろうと頑張ると、本当の自分を覆い隠し、忘れてしまうのである。だが、真実を覆い隠すことと、真実から自由になることは同じだろうか？　何かを忘れてしまうことと手放すことは同じだろうか？　いや、劣等感を忘れることと劣等感から自由になることは別のことだ。これは馬鹿げたことなのだ。なぜなら、病気の治療を進めることが病気を進行させていくようなものだからだ。

また、野心的な思考をもって達成する成功は、必ず自滅していく。なぜなら、この成功が野心という炎の燃料になってしまうからである。成功は達成されるが劣等感が消えることはないため、さらに大きな成功が必要不可欠となる。これは根本的に劣等感を増幅させているのと同じことなのだ。

人類の歴史はこのような病んだ思考で溢れかえっている。タンバレイン大帝（※）やアレクサンドロス大王、ヒトラーが、病んだ思考以外に何を持っていたというのか？ どうか笑わないで欲しい。病人を笑うのは礼儀に反する。それに、笑うべきでない理由がもう一つある。それは、この病気の病原菌は、全ての人の中に存在しているからだ。私たちは皆、彼らの子孫なのだ――特定の個人だけでなく、全ての人が野心に侵されている。だからこそ、こんなとんでもない病気に誰も気がつかないのだ。

私の見解では、健やかな精神状態であるために必要なことは、野心から解放されていることだ。野心は病気であるが故に身の破滅を招く。どんな病気であろうと、それは死への旅の道連れである。野心は破壊であり、暴力である。野心は病んだ思考から出てきた憎悪であり、嫉妬である。また野心は人と人との間に起こる絶え間ない闘争、つまり戦争なのだ。

悟りへの野心ですら破滅をもたらす。これは自分への暴力である。自分自身への憎悪なのだ。世俗的な野心は他人への暴力であり、悟りへの野心は自分への暴力だ。野心のある所には暴力が存在する――外に向かっているか内に向かっているかだけの違いだ。暴力はどのような形や状態であれ、必ず破滅をもたらす。健全で穏やかな思考から生まれる知性だけが創造的になりうるという理由がここにある。

健やかな思考は自分自身に集中している。自分以外の存在でありたいという衝動がそこにはない。自分以外の存在になろうとすると、自分自身を知ることができなくなる――自分を知らないということは、根本的、核心的な弱さであり、そこから全ての劣等感は生まれる。

自分を知るということ以外にこの弱さから救われることはない。野心ではなく、自分を知ることでのみ、別の存在になりたいという願望を手放すことができる。そしてこれを実現するには、思考から野心を完全に取り除かなくてはいけないのだ。

タンバレイン大帝とバイザッド王のこんな逸話を思い出す……。

バイザッド王は戦争に敗れ、勝者であるタンバレイン大帝の前に連れて来られた。バイザッド王を見て、タンバレイン大帝は突然大声で笑い出した。それを聞き侮辱されたと思ったバイザッド王は、堂々と頭をあげて言った。「タンバレインよ、勝利に思い上がらないことだ。覚えておくがいい、他人の敗北を笑う者は、いつか自分の敗北に泣くことになる」

バイザッド王は目が一つ、そしてタンバレイン大帝は足が一本しかなかった。一つ目のバイザッド王のこの言葉を聞き、足の不自由なタンバレイン大帝はさらに大声で笑いながら言った。「こんな小さな勝利を笑うほど私は愚かではない。私は自分たちの状態を笑っているのだ、お前と自分の状態をな！　見てみろ、お前は目が一つで私は足が不自由だ。なぜ神が一つ目のお前や足の不自由な私に王国を授けたのかを考えて笑っていたのだ」

今は墓で眠るタンバレイン大帝に、これは神の間違いではないと言ってやりたい。実際、足の不自由な者や一つ目の者以外に、誰が王国を望むというのだ。これは真実ではないか？　人間の思考が健やかになった暁には、王国など存在しなくなるというのは真実ではないのか？　健やかな思考を手に入れた者は必ず王国を失ってきたというのは真実ではないだろうか？

劣等感を自分の内側に発見すると、人はそこから逃げ出したくなる。そして真反対の方角に走り出すが、その行動自体が間違いである――なぜなら、劣等感は内なる貧しさの現れ以外の何ものでもないからだ。

誰もが心の奥底で内なる貧しさに苦しんでいる。同じ空虚感を誰もが感じている。外から得ることでこの内なる空虚感を満たそうと努力するが、内なる空虚の隙間をどうやって外から埋めることができるというのか？　外にある物は外側に存在するのだから、内側を満たすことはできない。富や地位、人格、権力、宗教、慈善活動、手放し、知識、神、救済——結局これらは全て外側に存在する。では内側には何があるのか？　不足感、空虚感、無。それら以外に内側には何も存在しない。私たちが無から逃げるということは、真の自己から逃げることになる。逃げるということは、自分の本質的な存在から逃げるということなのだ。

無から逃げるのではなく、それと共に生きることだ。自分の人生に注意して生きる勇気のある者は、この空虚感を満たすことができる。このような者には、空虚感こそが最大の救済になるだろう。無の中に全てが存在する。空虚の中に実在が宿り、その実在が神性である。

※タンバレイン大帝……中央アジアの軍事指導者であり、ティムール朝の建国者ティムールのヨーロッパでの呼び名。

# 第九話　十歩だけ先

あなたがた皆が人生についてとても心配しているのを目にして、私は非常に驚いている。いくら人生について考えても、何も分かりはしない。人生を最大限に生きるしか、人生を理解することなどできないのだ。それ以外に真実を知る方法はない。

目を覚まし生きるのだ！　目を覚まし動き出すのだ！　真実は努力なしに見つかるような息絶えた動かないものではない。真実は生き生きとした激流なのだ。この流れにのって思いのまま自由に動いていける者だけが、真実を見つけ出すことができる。はるか先のことを考えて、今目の前で起こっていることを見過ごしてしまうことがよくある。自分の目の前にあるものがいつだって真実であり、遠くのものはその中に隠されている。遠くにあるものを見つけるためには、近くにあるものを見つけ出さなくてはならないのではないだろうか？　未来の全ては今という瞬間に存在しているのではないだろうか？　ほんの小さな一歩の中に、先へと続く大きな大きな旅が内包されているのではないだろうか？

質素な暮らしをしている農家の男が、人生で初めて山に登ろうとしていた。この山は男の住む村からさほど遠くはなかったが、それでも男はこの山に登ったことはなかった。男の畑からは、緑で覆われた山頂が見えていた。この山を間近で見てみたいという男の願いは、だんだんと強くなっていった。だがこれまでは、あれやこれやと理由をつけて山への旅は先延ばしにされ、山にたどり着くことはなかった。

この前は、ランプを持っていないというつまらない理由で旅を中止してしまった。山に登るには、夜中に出発する必要があったのだ。山を登るのはただでさえ難しいが、日の出後ではさらに困難になる。だが、今回はランプも持っていた。山に登るのをたいそう待ちわびていた男は、なかなか寝付くことすらできなかった。

男は朝の二時に起きると、山へと向かった。だが村を出発してすぐ、男は二の足を踏み、立ち止まってしまった。何だか心細くなり、不安が膨らみ始めたのだ。村から出るとすぐ、その日が新月の夜で、周囲一帯が真っ暗なことに気がついた。男はランプを持ってはいたが、ランプの光は十歩以上先を照らすことができなかった。それなのに山登りはおよそ十マイル（約十六キロメートル）もあるのだ。

十マイルも進まなければならないのに、このランプは十歩先までしか照らさないではないか。こんなもので十分なのだろうか？　こんなちっぽけなランプの光で真っ暗な中を進んでいっても大丈夫なのだろうか？　小さなボートで大きな海原へと船を出すようなものだ。そこで男は村を出てすぐの場所に座り込み、日の出を待つことにした。

だが男が座っていると、山へ向かう一人の年老いた男が前を通り過ぎた。この年老いた男は、農家の男よりも小さなランプを持っていた。農家の男は年老いた男を呼び止め、自分が感じている不安について話した。すると年老いた男は大きな声で笑い出し、こう言った。

「何を言ってるんだ！　まずは十歩から歩き始めればいい。自分が見える所までまず歩くのだ。そうすれば、そこからまた十歩先まで見えてくる。もし一歩先までしか見えないのなら、その光で世界を一周すればいい」

若い男は年老いた男の言ったことを理解した。男は立ち上がり、歩き始めた。そして、太陽が昇る前には山の中にいた。

この年老いた男の言葉は、人生を歩む上でも覚えておく価値があるものだ。私もまたあなたたちに同じことを伝えたい。友よ、なぜじっと座っているのだ？　立ち上がって動き始めよ！　考えてばかりいても目的地にたどり着くことはできない。考える人ではなく、行動できる人が、目的地にたどり着けるのだ。優れた判断力と十歩先まで照らしてくれる光を誰もが持ち合わせていることを忘れてはならない——それで十分なのだ。神にたどり着くのにこれで十分なのだから。

## 第十話

# 壊れることのない永遠の愛

愛はエネルギーだ。愛に生きる者だけが、実際に生きている。

愛のある所には神性がある。それは、愛が神聖な存在により生み出された光だからだ。

思考が憎悪に満ちると無力になり、実在との繋がりが弱くなる。不幸や悔恨が、怒りや憎悪、嫉妬から生まれてくるのはこれが理由だ。全体という実在から自分のルーツが切り離されると、悔恨が生まれるのだ。

愛はあなたを幸せ、喜び、調和や思いやり、そして物質界にはない香りで満たしてくれる。それはなぜか？　この経験を通じて宇宙の魂に限りなく近づき、実在のハートの中に自分の居場所を見つけるからだ。実在があなたを通してその姿を現し始める時、あなたはもうあなただけではなくなっているのだ。

つまり、人生で壊れることのない永遠の愛を見つけたならば、全てを見つけたということだ。

私はこんな出来事を思い出した……。

モハメドは弟子のアリと旅に出ていた。

アリに敵対する男がやって来て、アリを呼び止め罵倒し始めた。男が罵るのを我慢強く聞くアリの目は、愛と慈悲で溢れていた。まるで称賛の言葉を投げかけられているかのように、男の発する毒々しい言葉を聞いていた。アリはとてつもなく辛抱強かったが、ついに我慢の限界に達し、この男と同じレベルにまで降りてくると男に報復し始めた。その目は徐々に怒りと憎悪の雲で満たされ、復讐の雷がアリの心で鳴り響いた。そしてその手は剣へと届こうとしていた……。

この時まで、モハメドは黙って腰を下ろし成り行きを見守っていた。だが突然、モハメドは立ち上がり別の方へと歩き出し、アリと敵の男をその場へ置き去りにして行ってしまった。これを見たアリはとても驚いたのと同時に、モハメドに対して少し腹を立てた。

後に再び会った時、アリはモハメドに尋ねた。

「あなたの取った行動について説明して欲しい。敵が私の前に立ちはだかった時、あなたは私を置き去りにして行ってしまいましたね？　私を死地に置き去りにするようなものではないですか？」

　するとモハメドは答えた。

「愛する者よ、あの男は明らかに暴力的で非情で、言葉はものすごい怒りで満ちていた。しかし、穏やかで愛に溢れるお前の態度を見て、私はとても幸せだった。その時点では、神から送られてきた十人の守護たちがお前を守り、神のご加護がお前に降り注いでいるのが見えていた。自分の愛と寛容さによって、お前自身が守られていたのだ。だが、心が慈悲を忘れ、硬くなってしまったとたん、お前の目は復讐の炎を放ち始め、天からの守護たちが去っていくのが見えた。その瞬間、私自身もお前から離れるのが当然のことだったのだよ。神自身がお前から離れていったのだから」

# 第十一話　自分の中を探求せよ

皆に、人生で何を求めているのかと尋ねよう。人生の意味と価値は、人生そのものへの問いかけの中に隠されている。もし真珠や宝石を探していたとしたら、人生の価値がそれらより大きくなることなどあろうか？　ほとんどの人が、ちっぽけなものを探し求めることで、自分自身がちっぽけになってしまっている。そして皆、本当は富などではない富らしきものを探し求めたことで、人生の宝物を無駄にしてしまったことに最後に気づくのだ。

旅を始める前に、どこにたどり着きたいのか、なぜそこへ行きたいのか、そしてその目標に向かう道中に対峙するであろう困難や努力に向き合えるのかを見極めるべきだ。旅に出る前にこれらを考えない者は、どこにもたどり着けないか、どこかにたどり着いたとしても、たどり着いた場所に価値を見出せないということがよくある。

それは人生そのものを破壊してしまう。だから、君たちの人生においてはこんな間違いを犯して欲しくない。人生は短い。エネルギーには限りがある。時間は短い。それゆえ、注意深くじっくり考えてから動き出す者、そして用心深く油断のない者だけが、目的地にたどり着くことができる。

ある神秘家がいた。彼の名はシヴリといった。シヴリは旅の途中だった。その道中、若い男が慌てて走って来るのを見てシヴリは尋ねた。「友よ、君はどこに向かって走っているのだ？」

立ち止まることなく、若者は答えた。「自分の家だよ」

そこでシヴリはちょっとおかしな質問をした。こう尋ねたのだ。「どの家だい？」

私も君たちに同じ質問をしたい。君たちは走り去ろうとしている。君たちは皆、走り去ろうとしているのだ。私はこう尋ねたい。「どこに向かって走っているのか？このレース自体が、そもそも計画されたものではないのではないか？他の皆が走っているから、君も走っているだけではないのか――どこへ向かうべきかも知らないで」

その若者がシヴリに答えたのと同じように、君たちも私の質問に答えてくれればと願う。そうすれば、私の存在の全ては幸福で踊り出すだろう。若者はこう言ったのだ。「家はたった一つしかない。神の家だ。私は神の家を探している」

疑いの余地なく、それ以外は全て幻想でしかない。神の家を探す以外のことは幻想でしかないのだ。家はたった一つしかない。本当の家はたった一つ――神の家――しか存在しないのだ。そして神の家を探す者は、自分自身の内側へと向かう必要がある。なぜなら、それは自分自身に隠されているのだから。神の家以外に家が存在するのだろうか？　自分の内側以外に、神を見つけることなどできるのだろうか？

私がシヴリだったら、走っていた若者にもう一つ尋ねたいことがある。若者がどんな答えを出したかは分からない。だが、その質問がどんなものなのか、君たちに聞かせよう。

私は若者にこう尋ねたい。「友よ、神を見つけたいのなら、なぜ君は走り去ろうとしているんだい？　どこへ向かって走っているんだい？　今ここに存在するものを、走り去ってどうやって見つけようというんだい？　今ここに存在するのに、いつか神にたどり着こうと探し求めるのは見当違いじゃないのかい？　もうすでに内側に存在するものは、走り去れば失われてしまうだけなんだ。神を見つけるためには、立ち止まりじっと動くことなく、自分自身の内側を探求するのが最善ではないだろうか？」

# 第十二話　真実の海を泳ぐ

宗教を探し求めるな。自分自身を探し求めるのだ。そうすれば、宗教は自然と向こうからやって来る。

宗教は経典の中に存在しているのか？　いや、宗教は経典の中には存在しない。経典は生命のないものだ。だが宗教は生きている。生きている存在が、どうやって経典の中に見つけられるというのか？

宗教は宗教団体の中に存在しているのか？　いや、宗教はその宗派の中にさえ存在していない。組織化された宗教は、様々な取り決めのもとに成り立っているが、宗教は全くもって個人的な事柄だ。宗教にたどり着くのに外へと向かう必要はない。内へと向かい動いていく必要がある。

宗教は私たちの呼吸、一つひとつの中に存在する。私たちに不足しているのは、それを発見し、見据える洞察力だ。

宗教は私たちの血液の滴《しずく》、一つひとつの中に存在する。私たちに不足しているのは、それを探し求める勇気と決意だ。

宗教は、太陽がそこにあるように、ここに存在している。だが、目を見開かなければいけない。

宗教は人生である。だが、肉体という墓場を越えて行かなくてはいけない。

宗教は生命なきものではない。だから、眠ってはいけない。目を覚まして動き出すのだ！　眠る者は、宗教を失う。動き出す者は、それを手に入れる。目を覚ましている者が、宗教を発見するのだ。


ある王が世界最高の宗教を探していた。若かった王も老齢を迎えようとしていたが、この探求はいまだ終わりを迎えてはいなかった。どうすればこの探求が達成されるのか？　人生は短いのだから、このような探求は愚かなことだ。仮に人生に終わりがないとしても、最高の宗教など見つかるはずがない。なぜなら、宗教は宗教でしかなく、一つしか存在しないのだ。一つしか存在しないなら、どれがより崇高で、どれがより劣っているということなどできるだろうか？　どれが最高で、どれが最低だというのか？　宗教は数多くあるわけではないから、最高の宗教探しが成功することはない。宗教はたくさんあるわけではなく、たった一つしか存在しないのだから、比較や評価をする余地はなく、またその手段もない。つまり王は、最高の宗教を探しているにもかかわらず、最低の無宗教という状態で生きていたのだ。

真の宗教が見つかっていなかったから、宗教に従った信仰深い人生を送るという考えも王には湧き起こってこなかった。誰が暗闇や未知の世界へと入って行きたがるというのか？　無宗教について尋ねる者はいないが、宗教について何も尋ねない者などほとんどいないだろう。誰も、無宗教ということについて深く考えたり探求したりすることなどないのだ。しかしむしろ、宗教を探し求めている間は、無宗教で生きているということなのだ。大抵の場合、いわゆる探求と呼ばれるものは、宗教とは逆の方向で生きていくことであり、信仰深く生きることを避けるということなのだ。

誰も、王にこのことを教える者はいなかった。様々な宗教における学者や聖職者、哲学者が王のもとにやって来た。彼らは、お互いに異議を唱え合い口論した。お互いの欠点を指摘し合い、相手が無知であることを証明したのだろう。王はその様子を全て楽しんでいた。そうしているうちに、王の目には宗教が錯覚や無知で溢れているように映り始め、王が宗教とは逆の生き方をする口実となってしまった。

王に宗教をもたらすのは難しかった――なぜなら、誰かが王を自分の味方にしようとすること自体、宗教とは反しているからだ。宗教団体、宗派、宗教法人は常に、自分たちの布教に勤しむ。このような者たちは宗教とは無縁だ。無縁でしかないのだ。どの宗教にも属さない者だけが、宗教的であることができる。何かの味方につくことをやめない限り、宗教的であることは難しい。つまり、宗教の宗派は宗教的であることの敵であり、宗教とは真逆のものの友なのだ。

王は最高の宗教を探し求めるのを諦めることはなかった。この探求が王の遊びになっていたのだ。だが、宗教とは真逆の状態でさえ、王に苦痛や不安、苦悩をもたらし始めた。死が近づき人生の晩年に差しかかると、王は落ち着きを失い始めた。それでもなお、最高の宗教、非の打ち所がない完璧な宗教以外は受け入れる気など到底なかった。王の決意は固く、一歩も譲る気などなかった。どれが完璧な宗教なのかはっきりするまでは、人生を一歩たりともそちらへ進めるつもりがなかったのだ。さらに何年もの時が経ち、王は泥沼へとさらに深くはまっていった。死が間近に迫っていた。

ある日、若い物乞いが城の門にやって来て、王に施しを求めた。物乞いは、王が憔悴し切っており、不安に苛まれているのを見てその理由を尋ねた。王は答えた。「私がその理由を言ったところで、お前が私を助けることができるというのか？ 偉大な学者や聖職者、修行僧たちも私を助けることができなかったというのに」

物乞いはそれを聞いて言った。「その偉大さが、障害になっていたということはないでしょうか？　どうあれ、学者たちは何も解決することができなかった。身にまとっている服で聖職者や修行僧と分かるだけのような人たちなど、たいしたことはないのではないでしょうか？」

王は物乞いをじっと見つめた。王が見たその目は、物乞いのものではなかった。その目は、王の目以外の何物でもなかった。

そして、物乞いは再び話し始めた。「私は何もすることができない。実際、私は存在すらしない。だが、存在する者はたくさんのことができる」

物乞いが言っていることは実に素晴らしかった。王を説得しようとしてやって来た数知れぬ男たちとは全く違っていた。王は心の中で思った。「この男は一体何者だ？　この貧しい格好をした男は誰なんだ？」しかし、声に出して王はこう言った。「私は最高の宗教を探し、人生を信仰深いものにしたい。だがこれが上手くいかず、人生の最後が近づく中、私はとても不幸だ。一体どれが最高の宗教なのだ？」

物乞いは大きな声で笑い出し、言った。「おお、王よ！　あなたはとんだ間違いを犯している。それが不幸の原因だ。人生は宗教を見つけてから信仰深くなるのではない。人生そのものが信仰深くなって初めて、宗教を見つけることができる。最高の宗教を探そうだなんて、どんな狂気があなたを駆り立てたのか？　宗教そのものを探し求めるだけで十分なのだ。宗教はただそこに存在するだけだ。最高の宗教だって？　そんなものは聞いたことがない。そんな言葉は意味を成さない。宗教に条件を付ける必要などないんだ。円は円でしかない。完全な円など存在しない。円であること自体、完全であることを意味している。なぜなら、完全な円でない限り、それは円とは言えないからだ。宗教それ自体が、完全で非の打ち所がないという真実を表している。最高の宗教を証明しようとあなたのもとへやって来た者たちは、あなたと同じぐらい狂っているか、偽善者かのどちらかだろう。ただ一つの宗教、それを知る者だけが、宗教的なのだ――数多くの宗教ではなく」

王は大変感動し、物乞いの足にしがみついた。そこで物乞いは言った。

「どうか私の足から手を放してください。足を縛り付けないでください。私は王の足を自由にするためにここに来たのです。どうか王国の外にある川の向こう岸に来てください。そこで、私が宗教を指し示して差し上げましょう」

二人は共に川岸へと向かった。手に入る限りの最高の船が二人の所へ持ってこられたが、物乞いはどの船にも何かと文句をつけた。王はついにイライラし始め、物乞いに言った。

「大いなる魂の者よ！　私たちはこの小さな川を渡らなければならないだけだ。泳いで渡ることすらできる。船のことなど忘れてしまおう。泳いで川を渡って行こうではないか。時間を無駄にする理由などあるのか？」

この言葉を待っていたかのように、物乞いは王に言った。

「王よ！　私も同じことを言いたかったのです。様々な宗派の船をそんなに気にしてどうなるというのです？　神のところへ自分で泳いでいくのが最善ではないでしょうか？　実際、宗教の船なんてありません。船は船乗りのためにあります。私たちに残されたたった一つの方法は泳ぐことなのです。真実は自分自身の努力によってのみ見つけることができます。真実を他人から与えてもらうことなどできないのです。真実の海を自分で渡る以外にありません。誰も助けてはくれないのです。助けを求める者は、岸を目前にして溺れてしまうでしょうが、勇気を出して自分で泳いだ者は、海を渡ることができるでしょう。たとえ、泳ぎ始めに溺れそうな経験を多少したとしても」

## 第十三話

# それぞれの人生は唯一無二の創造

ある子供が私に尋ねた。

「ブッダのようになりたい。どうやったら自分の理想に近づけるか教えてくれませんか？」

この子供はとても年老いた子供だ。少なくとも春を六十回は経験しただろう。だが、自分とは別の人間になりたいと言う者は誰でもまだ子供であり、成熟していないのだ。

成熟の証とは、自分以外の誰かのようになりたいと願うことではなく、本当の自分になりたいと願うことではないか？　もし別の誰かのようになりたいと願ったとして、果たしてそれは叶うものなのだろうか？

人は自分自身でしかない。別の誰かになることなど不可能なのだ。

私がこの年老いた男を少年と呼ぶと、あなたたちは笑うだろう。だがもう少し深く掘り下げてみると、笑うどころか涙を流すだろう。なぜなら、これと同じ幼稚なメンタリティが自分の中にもあることに気がつくからだ。あなたたちは別の誰かになりたいと思わないだろうか？　自分自身でいる勇気や成熟さを内に持ち合わせているのだろうか？

もし誰もが成熟していたら、誰かに従うという考えは起こらない。このような子供じみたメンタリティのせいで、従う者と導く者、弟子と師匠といったものが生まれたのではないか？　そして、覚えておきなさい。誰かに従うという思考は、未熟なだけでなく盲目だということを。

私がこの年老いた少年に何と言ったのか？

私は彼にこう言った。

「友よ、別の誰かになりたいと願う者は、自分自身を失う。どんな種子もその内側に唯一無二の木を内包している。これは人間一人ひとりにも当てはまる。本来の自分自身になることだけが可能なのだ。別の者になろうとすれば、自分自身に秘められた可能性すら失うことになる」

自分とは誰かを探し求めるのだ。この探求の中に、自分へと向かう成長が隠されている。本来の自分とは違う理想像など、誰にも存在しない。理想という名の下に、自分自身を発展させるという道から外れ、結局どこにもたどり着けないことになる。理想像を真似るその背後にあるのは、自殺だ――これは自殺以外の何物でもないのだ。別の誰かになろうとする時、一体何をしているのか？　本来の自分を殺し、抑圧している――そして自分自身を憎み始める。本来の自分ではない自分を見せたり、表に出したり、振る舞ったりと、自分以外のもののふりをした先にあるのは、自殺や偽善なのだ。

内面で二面性が展開するとたちまち、偽善がそこに生まれる。内面で自己矛盾が起こると、必ずそこには嘘が生まれ、自分への信頼は失われる――このような不自然な状態は、苦痛や不安、良心の呵責をもたらして当然だ。この状態が度を越えた場合、その苦しみは人にとって地獄となってしまう。自分が見出した真実や可能性から生まれた理想や、その人の影のように自動的についてまわる自己鍛錬から出た理想でない限り、それ以外の全ては人を醜くし、歪めてしまう。どんな構想や理想、自己鍛錬であっても、外から持ち込まれたものである限り、それは自殺行為なのである。

私はこう言う。自分を探し求め、自分を発見せよ。これが実在への扉、自分を発見した者だけが招き入れられる扉となる。そしてこの扉を通って神がやって来るだろう。だが、「ラーマーヤナ物語」のラーマ――神であり英雄――にはこれが成し得ない。外側からの理想にインスピレーションを受けた場合、自分を型にはめようとし、「ラーマーヤナ物語」のラーマのように振る舞ってしまう。理想に近づくことに成功する者がいたり、あまり成功できない者がいたりという違いはあるものの、結局のところ、これが成功すればするほど本来の自分から遠ざかることになる。「ラーマーヤナ物語」のラーマの成功は、自分自身になることへの失敗なのである。

ラーマやブッダ、マハーヴィーラ（※）を装うことはできるが、このような覆いを被ることで自分自身という個性の調和や主体性、美や真実を失うことになる。

そして、スパルタ王が、ヒヨドリの鳴き真似が上手になりすぎて自分の声を忘れてしまった男を扱ったのと同じように、実在から扱われることになるだろう……。

この男はとても有名になり、男の声を聞こうと津々浦々から多くの人々がやって来た。男は自分の特技を王の前でも披露したいと願うようになった。大変な苦労の末、男は王の前に姿を現すことが許された。男は、王が自分を称え、褒美を授けてくれるだろうと考えた。これまで人々から受けた称賛や褒賞を思うと、男が期待するのももっともなことだった。

だが、王はこの男に何と言っただろうか？　王はこう言ったのだ。「私はヒヨドリの歌を聞いたことがある。だが、あなたからヒヨドリの歌を聞きたいとは思っていない。あなたの生まれながらの歌を聞きたいのだ。ヒヨドリの歌を歌うヒヨドリはいくらでもいる。ここを立ち去って、あなた自身の歌を見つけ、準備ができたら再び私に会いに来なさい。

その時にはあなたを歓迎し、褒美も用意しておこう」

つまり、生命は他を真似るために与えられたのではなく、自分の種の中に隠された木を育てるために与えられるのだ。人生は物真似ではなく、唯一無二の創造なのだ。

※マハーヴィーラ……ジャイナ教の開祖

# 第十四話　スピリチュアル・プライド

建築中の寺院があった。その横を通り過ぎながら、こう思った。すでにたくさんの寺院があり、寺院を訪れる人の数はおそらく減っているにもかかわらず、なぜ新しい寺院がまた建てられているのだろうか？　しかもここだけではない。他にも新しい寺院がたくさん建てられている。寺院が毎日何軒か建てられているのである。

寺院は次々と建築されており、そこを参拝する人は減っている。これは一体どういうことだろうか？　これについてよく考えてみたが、答えにはたどり着けなかった。そこで、寺院を建てていた年老いた石工に尋ねてみた。この石工は多くの寺院を建てて来ていたから、どうして新しい寺院がこれほどたくさん建てられているのかを知っているかもしれないと思ったのだ。

私の問いを聞き石工は笑い始めた。そして、寺院の裏手にある石を彫っているところへ私を連れて行った。そこでは神の像も彫られていた。神の像を祀るために寺院が建築されているとでも言うのかと思ったが、そんな答えでは私の好奇心を満足させることはできない。なぜなら、そこからどうしてこれらの像が造られているのかという疑問が湧いてくるからだ。

だが違った、私の予想は間違っていた。彼は神の像のことには触れずに通り過ぎると、歩き続けた。一番奥の突き当たりで、数人の職人が石を彫っていた。年老いた石工は私に石を見せて言った。「これのために寺院が建築されているんだ——寺院はいつだってこのために建てられてきたんだ」私は愕然とし、自分の愚かな質問に後悔を覚え始めた。なぜ早くこれに気づかなかったのだろうか？　石には、この寺院を建築させた人の名前が彫られていたのだ。

家へ帰る途中このことを考えていると、道沿いに行列が進んでくるのが見えた。誰かが出家し、サニヤシン（※）になるのだ。その行列は彼を称えたものだった。私は道端に立ち行列を見ていた。世を捨てた者の顔を見てから、その目に視線を移した。サニヤシンの目にしばしば見られる空虚が、彼の目にはなかった。彼の目には、政治家の目に見られるようなエゴや尊大さが存在していたのだ。

私の間違いということはあり得るだろうか？　年老いた石工との会話に影響を受け、このように思ってしまっただけなのだろうか？　実際、私は他にも多くのサニヤシンを知っているが、他ではあまり見られないような、分かりにくい形のエゴが彼らに存在するのだ。おそらく、人間の思考が引き起こす行動には、エゴがつきものなのかもしれない。思考から解放されない限り、尊大さから逃げることはできないのだ。

わずか数日前、ある友人が十日間にわたる断食を終えた。自分が断食したことを触れ回りたがるのを見て、私は大変驚いた。だが違った、驚くのは間違いだった。あの年老いた石工が、これまでの人生での私の間違いを明らかにしてくれたのだ……。

断食の後、この友人のために盛大なお祝いの会が催され、人々は彼を称賛した。そこにいた私にある男が耳元で囁いた。「可哀想な奴だ、この費用全部を彼が負担するのだから」

その時は友人の様子にとても驚いたが、年老いた石工のお陰で以前より賢くなった私は、驚く理由がないことに気がついた。逆に、ある思いが私につきまとった。もし自分を喧伝することがそれほどこの世で役に立つというなら、天国でも役に立つのではないか？　天国のルールもこの世のルールと同じではないのか？　結局のところ、天国を創り出した思考は、この世を創り出したものと同じだ。天国への願望や構想は、思考が創り出した他の願望と違わないのではないか？　そうだとしたら、神とは誰なのか？　人間の思考が創り出したものではないのか？　結局、神も同じく屈辱や怒りを感じたり、復讐心から敵を地獄の火で焙《あぶ》ったりする。そして神も称賛に喜びを感じる。自分を信じる者を困難から救い、恩恵を惜しみなく与えるのだ。これも人間の思考が創り出したものではないのか？　もしそうなら、自己喧伝は神の国でも功を奏すのではないか？　神もまた、自分の存在の証明として名声を重視するのではないか？　結局、他にどんな基準を用いることができるというのか？

私がこの意見をあるサニヤシンに伝えると、彼は非常に怒り出して言った。「何を考えているのだ？　宗教を喧伝する必要などどこにあるのだ？　全てはエゴのゲームだ。この世の全てはマーヤ（※）であり、神の遊びなのだ。無知であるがために、人々の人生はエゴに振り回されているのだ」

私はこのサニヤシンの言ったことを全て受け入れた。自分を手放すことが人を知識へと導く。所有物全てを手放すことで、彼は知識を得たに違いない。彼の言葉を疑うことなどできようか？　だがほんのわずかの間に、彼はサニヤシンになるために何十万ルピーもの富に背を向けたことを二度も三度も私に言って聞かせた。言い換えれば、彼は平凡なサニヤシンではないということだ！

手放すことですら、お金で測られるのだ。

私は彼に尋ねた。「全財産をいつ手放したのですか？」

彼は答えた。「二十五年か三十年くらい前だ」

この瞬間の彼の目の輝きは、一見の価値があるだろう。手放すことが目にある種の輝きをもたらすというのは、どうやら本当のようだ。

かなり躊躇しながら私は彼に言った。「もしかすると、あなたは徹底的に手放し切れなかったのではないでしょうか？　そうでなければ、手放した日のことをこんなに鮮明に思い出すことができるでしょうか？　しかも三十年も経った今」

そこから私が恐れていたことがついに起こった。彼の怒りが爆発したのだ。しかし私は、これが預言者や聖人の昔からの慣習であり、このサニヤシンは私を罵倒しないだけ情け深いと思うことで、自分を慰めた。

私がその場を立ち去る時、彼にこんな話をした。これをあなた方にもお話ししよう。じっくり考えて欲しい。これは意味深い話だ。

裕福な男がナスドワーラ寺院の最高神、シュリナートに一万枚の金貨を捧げようとしていた。だがそれを神の像に捧げる前に、男は金貨を一枚ずつ数え始めた。男が鞄からジャラジャラと勢いよく金貨を出すと、その大きな音を聞いて大勢の人が寺院に集まってきた。男はさらに大きな音を出しながら金貨を数え始めた。群衆が増えるのに比例して、金貨を手放すことへの男の喜びも増していった。

男がようやく金貨を数え終え、プライドに満ちた目でそこに集まった人々を見渡した時、僧が男に言った。「兄弟よ、この金貨を持って帰りなさい。シュリナートはこのような捧げものを受け取らないでしょう」

男は大変驚いて尋ねた。「どうしてですか?」

僧は答えた。「愛は実演できるものですか? 祈りに満ちた心は、他人に見せるためのものですか? 結局、あなたの心には自分を喧伝したいという願望がある。そのような願望があるならば感謝の心を持つことなどできません。そのような願望を手放すことなどできません。そのような願望には愛の資格などないのです」

※サニヤシン……インドにおいて、伝統的に世間を捨てた求道者のこと

※マーヤ……インド哲学において、幻のこと

## 第十五話

# 「私」は偽り

ある信者が精神的なひどい苦しみを訴え私に尋ねた。「ブラフマンの中に自分を消失させたい。エゴは苦しみだ。エゴを神に捧げたい。私はどうすればいいのでしょうか？」

私はこの男を知っている。男は何年も寺院に通っていた。神の足元に頭をつき、何時間も嘆き悲しんでいた。男の願望は非常に強いが、向かう方向が間違っている。なぜなら、「私」を受け入れる者は、受け入れるという行為そのものによって、「私」になってしまうからだ。この「私」から苦しみが生まれる——男はこの苦しみから逃れたいと願い、自分自身を神の手に委ねたいと願っているのだ。

だが、委ねるという行為の核になるのも「私」だ——委ねたがっているのは誰なのか？苦しみや悩みの全てから逃れたがっているのは誰なのか？「私」自身ではないのか？神への、至福への、根本原理への切望や衝動は、誰が感じているのか？　この世であなたを駆り立て、救済というアイデアに扇動しているのは誰なのか？「私」自身ではないのか？

私は尋ねたい。「私」が私自身を手放すことができるのか？ 私は私自身を捧げたい。「私」はこれには関わっていないのか？「私の捧げもの」も「私のもの」ではないのか？「私のもの」は全て、「私のもの」や「私」を生み出すのではないか？ 私の富、私の財産、私の妻、私の子供たち全てが、「私」を生み出しているのではないか？ 私のサニヤス（※）、私の手放し、私の捧げもの、私の慈善行為、私の宗教、私の魂、私の救済。これらもまた、「私」を生み出している。

どんな形であれ「私のもの」が少しでもある限り、「私」は間違いなくそこに居続ける――それが罪であれ哀れみであれ、享楽であれ手放しであれ――「私」を強める。たとえどれほど努力しようが、手放そうとしようが、「私」を強めることにしかならないのだ。

エゴを捨てる方法はないのか？ エゴを手放す手段はないのか？ 答えはノーだ。エゴを差し出したり、手放したり、捧げたりする方法や手段はない。なぜなら、何をしようが、最終的にはエゴの生命力を強めることになってしまうからだ。かつて、どんな行動や行為、決意をしたとしてもエゴを超えた者はいなかったし、それが可能な者もいない。なぜなら、決意そのものが、小さなエゴだからだ。決意はエゴの未熟な状態なのだ。決意が熟すと、エゴへと姿を変える。エゴは決意が強固になったものなのだ。

そうだとすれば、どのようにして決意の助けを借りてエゴが捨てられるというのか？　私たちの試みや手放しとは何なのか？　これらは全て、決意の延長線上にあるのではないか？

エゴを使ってエゴから解放されようとする試みは、自分のブーツの紐を引っ張りながら起き上がろうとするほどばかげたことだ。実際、エゴを手放すことはできない。なぜなら、もしそこにエゴが存在するのなら、それ以外のものはエゴと同時に存在することはできないのだから。もしエゴが存在しないなら、そこに存在しないエゴを手放すという問題も発生しない。エゴを知ることが大切だと私が言う理由がこれだ。エゴに自分を明け渡すことからではなく知ることから。瞑想からではなく、知ることから。手放すことからではなく、知ることから。驚くべきことに、努力したり手放そうとしたりすることでエゴが育っていくのに対し、エゴを知ろうとすればエゴはどこにも見つからないのだ！

エゴである「私」を完全に知り尽くすことは、エゴから自由になることだ。

エゴである「私」は現実には存在しないという理由から、手放すこともできない。嘘やごまかしは、実際には存在しない何かを手放すために――そんなことはできるはずもないが――生まれるのだ。

エゴは偽りなのだ。エゴを捨てようとすると、次の偽り——エゴの手放し——が生み出されなければならず、そこからエゴの手放しという偽りを裏付けるために、次の偽り——神——が想像上で創り出されてしまう。だが、こんな偽りからは救済など起こらない。それとは逆に、さらに大きな偽りが必要になる。

ある聖者が道端で捨て子の男の子を見つけた。聖者は男の子が大きくなるまで育てた。聖者が住む裏手には墓場があったが、男の子は大変ないたずらっ子だったので、昼となく夜となくその墓場へ遊びに出かけた。男の子が墓場へ行くのを止めようとして聖者は言った。「夜、墓場へ行くのはやめなさい。幽霊がいて、人を食らうのだぞ」

当然ながらその日以来、男の子は墓場を怖がり避けるようになった。それからしばらくして、男の子がグルクルという森の大学に通う日が来た。そこでも男の子は一人になるのを怖がり暗闇を恐れた。

数年が経ち、男の子が戻って来た。男の子はすでに青年に育っていたが、恐怖心もまた彼と共に大きくなっていた。ある夜聖者は、墓場を通り抜けて村に使いに行くように彼に言った。だが青年は、夜に墓場を通り抜けるのを想像するだけで震えが止まらなくなり、こう答えた。「暗闇の中、墓場に行けというの？　墓場には人を食らう幽霊がいるのに」

聖者は笑い出した。そして彼の腕にお守りを着けてやって言った。「さあ、これで大丈夫だ。幽霊がお前に害を加えることはない。このお守りを着けていれば、神がいつも傍にいてお前を守ってくれるだろう。神のお陰で亡霊がお前の前に姿を現すことはない。神がついているから、幽霊なんて怖くないんだよ」

こうして、青年は使いに出ることができた。墓場で亡霊に出会うこともなく、神が全能であると青年に証明されたのだ。こんな風にして幽霊は消え去ったが、神という存在が現れた。幽霊を追い払った神は、言うまでもなくさらに大きな幽霊になっただけだったのだ。神の助けを借り、今となっては幽霊から解放された青年だが、今度はお守りを片時も放すことができなくなってしまったのだ。

幽霊ですら恐れおののく神を、彼が怖がらないはずがなかった。自分の失敗や過ち、罪のせいで、神がいつか自分を見捨ててしまうのではないかと怯えていた。もしそんなことが起こりでもしたら、幽霊は間違いなく自分に恨みを晴らしにやって来るだろう。こうして彼は神を崇拝し始めるだけでなく、神の使者や預言者をも恐れるようになった。

これを見た聖者は大変取り乱した。自分の施した治療が、さらに深刻な問題を招いてしまったのだ。神に比べると、取るに足らない幽霊の方がずいぶんましだった。幽霊は夜の闇の中、墓場で人々を怖がらせるだけだが、神は日中の光の中でさえ、青年について回るのだ！　新月の夜、聖者は青年の腕からお守りを取り去り、かまどに捨ててしまった。

青年は震えだし、顔は青ざめた。聖者は倒れそうになった彼を支え、全てを打ち明けた。彼を守ろうとまずは幽霊が創りあげられ、そのあと神が創りあげられたことを話したのだ。青年はこの話に幾分納得した様子を見せたので、聖者は彼を墓場に連れて行った。そして二人は墓場を隅から隅まで見て回った。幽霊はどこにも見つからなかったことに青年はひどく驚いた。

こんな風にして、幽霊――そして神も――消え去った。青年は安心し、恐れから解放された。


実際、幽霊とその住み処を探すことだけが、そこから自由になる方法だ。

エゴは苦痛を生み出し、苦悩をもたらし、不安や危機感を生じさせる。そして死への恐怖を掻き立てる。これら全てから逃げるために、神への降伏という発想が生み出された。恐怖心から神や神への崇拝が生まれる傍ら、本当はエゴなど全く存在しないのだ。私たちがエゴを探すことなく、この事実に気がつかないうちは、エゴは存在し続けるだろう。

私たちの無知の中にしか、エゴは存在することができない。存在しないものをどうすれば手放せるというのか？　幽霊が存在しないなら、どうやって幽霊から逃げるというのか？　幽霊が存在するから神が必要になる。エゴが存在するから、神への降伏が必要になる。エゴという幽霊を見つけ出すのだ。そして幽霊からあなたを守ってくれるのはお守りではない。

自分自身の内側へと飛び込み、エゴがどこに存在するかを探してみるのだ。探し始めたとたん、エゴが存在しないことに気づくだろう。墓場に幽霊はいないし、自己の内側に、エゴなど存在しないのだ。そしてそこに残されたのが神であり、その経験が真の降伏であり、そこに存在するのがブラフマンなのだ。

※サニヤス……サニヤシンのこと

## 第十六話

# 忠誠という毒

ある老婆が重い病気を患っていた。老婆は一人で暮らしていたため、非常に大変な状況だった。ある日の朝早く、とても信仰深そうな感じの良い女が二人、老婆の家にやって来た。彼女たちの手にはヘナで描かれた模様があり、数珠をいくつか着けていた。二人の女は老婆の手伝いを始めるとこう言った。「神の恵みがあれば、全てが上手くいくのです。忠誠心は力であり、それが無駄になることはないのです」

素朴な老婆は二人の女を信用した――孤独のせいで、人を信じやすくなっていたのだ。一人暮らしをしていると、他人を信用したくなる。老婆は苦しみの中にいた。苦しみの中にいる人は、他人を簡単に信用する。見ず知らずの二人の女は、その日一日中老婆の面倒をみた。二人の献身的な手伝いと信仰深い話を一日中聞いていた老婆は、ますます彼女たちを信頼していった。

夜になり、二人の女に言われるがまま、老婆は毛布の下に横たわった。老婆の健康を祈り、神へ祈りを捧げてくれるというのだ。香が焚《た》かれ、甘い香りの水があたりに振りまかれた。二人のうち一人が老婆の頭に手をのせ、聞いたことのないマントラを唱え始めた。しばらくすると、マントラの甘い音楽にのせられ、老婆は眠りへと誘われていった。

夜中に老婆が目を覚ますと、家の中は真っ暗だった。老婆が明かりをつけると、見ず知らずの女二人は立ち去ってずいぶん経っていた。家のドアは開けっ放しで、老婆の金庫は荒らされていた。老婆の信頼が実際に実を結んだのだ――老婆自身にとってのみならず、あの二人の詐欺師にとっても！　だが、何も驚くことはない。忠誠心はいつも詐欺師にとって多くの実を結ぶのだから。

宗教は忠誠ではない。それは優れた判断力のことだ。盲目的になることではなく、エゴを癒やすことなのだ。だが優れた判断力は、搾取する側からすると障害になるため、忠誠という毒を施す。

思考は反乱を引き起こす。革命児から搾取することは不可能であるため、人は「忠誠」という教育を受ける。思考することで人は自由になり、一人前の人間になれる。だが、搾取するためには、羊のような人間、後を付いてくる意志の弱い人間が必要だ。そこで思考が抹殺され、忠誠が育まれる。

人は無力であるがため、その無力さや孤独から忠誠を受け入れる。人生は苦痛であるがため、そこから逃げるために忠誠や信念に身を委ねる。このような状態は、搾取する者や利己的な者にとって絶好のチャンスだ。宗教が詐欺師の手中にあるがため、世界は無宗教状態に陥っている。宗教が忠誠から解き放たれない限り、本当の宗教が生まれることはない。

宗教が優れた判断力というものすごい力と結びついて初めて、自由が生まれる。真実と力が生まれるのだ。宗教は力だ。なぜなら知性は力だからだ。宗教は光だ。なぜなら思考力は光だからだ。宗教は自由だ。なぜなら優れた判断力は自由だからだ。

## 第十七話

# 自由、自由、自由！

宗教、宗教、宗教！　宗教について人はしょっちゅう話しているが、その結果はどうだろう？　皆が経典を引用して話すのを聞くが、その結果はどうだろう？　人はいまだに苦しみや惨めさに溺れ、教えられてきた原理をただ繰り返しているだけだ。人生は絶えず獣欲主義へと衰退し、私たちは石で造られた寺院で――いつもと変わることなく――頭を下げている。

私たちは言葉、それも命のない言葉に影響を受けすぎるあまり、真実を自分で見る力を失ってしまったのかもしれない。私たちの思考は経典に縛られすぎるあまり、自分で発見する力を失ってしまったのだ。これが、思考と行動の間に埋めることのできない溝ができてしまった理由だろう。そしてこれが、私たちが言うところの求めている人生とは全く逆の生き方をし続ける理由かもしれない。しかも驚くことに、この矛盾に私たち自身が気づいていないのだ！

視力には問題がないにもかかわらず、私たちは目が見えなくなったのか？

私はこの状態についてじっくりと考え、まさしく真実にたどり着いた――それは、自分たちで真実を発見しているのではないということ――それが、私たちを混乱へと引きずり込んでいるのだ。自分自身で真実を発見したなら、それは自由への導きだ。真実が自分自身で見出されたものでない限り、それにますます縛られることになる。

他人によって教えられた真実よりひどい偽りはない。借りてきた真実は、人生にひどく厄介な矛盾を生み出すのだ。

丘の中腹にある宿屋で一羽のオウムが飼われていた。オウムは四六時中、飼い主が教えた言葉を繰り返していた。オウムは「自由、自由、自由！」と言っていたのだ。

ある旅人が初めてこの宿屋に泊まりに来た。オウムの言葉は旅人の心を深く動かした。自国の自由のために戦う中で、幾度も捕らえられた経験のある彼は、オウムが丘の静寂を破るように「自由、自由、自由！」と叫ぶのを聞き、自分の心の中でその声がこだまするかのように感じた。とらわれの日々を思い返し、自分自身の内なる存在がまさに同じように「自由、自由、自由！」と叫んでいたのを思い出すのだった。

夜が更けると旅人は起き上がり、大声で「自由」と叫ぶオウムを解放してやろうとした。旅人は鳥かごからオウムを取り出そうとしたが、オウムは全く出てくる様子がなかった。逆に、オウムは鳥かごの止まり木にしっかりとつかまり、さらに大声で「自由、自由、自由！」と叫び始めた。

大変な苦労の末、旅人はついにオウムを鳥かごから取り出すことができた。外にオウムを放つと、旅人はぐっすりと寝入った。

だが旅人が翌朝起きてみると、オウムが幸せそうに鳥かごの中でこう叫んでいるのを発見した。「自由、自由、自由！」

## 第十八話

# 恐れのない心

こんな話を聞いた。

戦争の最中、突然砲撃が始まった。人気のない小道を歩いていた聖職者が、砲撃を逃れようと安全な場所を探して走り出した。そして、オオカミが住む洞窟を見つけると、そこに逃げ込んだ。聖職者が洞窟に入ると、そこには一人の陸軍兵が隠れていた。兵士は横にずれると、新しくそこへやってきた聖職者に場所を空けてやった。爆弾は至る所に落とされ、聖職者は震えだした。そして蓮華座で座ると、神に祈り始めた。聖職者は大きな声で祈っていた。

聖職者が顔を上げると、陸軍兵もまた同じように大きな声で神に祈っていた。砲撃が終わると、聖職者は言った。「兄弟よ、あなたも祈っていましたね」

陸軍兵は笑い出して言った。「無神論者がオオカミの洞窟に座っていると思うか?」

真実を見つけるための第一条件は、恐れを持たないことだ。

そして考えるのだ。恐れが愛になることなどあるだろうか？　恐れが愛になることができないなら、何が祈りになるというのか？

祈りは愛の完全な形だ。

だが、人が作った寺院の土台そのものが、恐れという偽りの煉瓦からできている。恐れから彫られた神は、恐怖心からできている。私たちが持てるもの全てが偽りであるという理由がここにあるのだ——自分たちの神が偽りであるにもかかわらず、何が真実だと言うのか？

思想が偽りであったり、愛が偽りであったり、祈りが偽りであったりする人たちの生命が偽りであるということになんら不思議はない。

愛を通してのみ、愛から生まれた祈りだけが真実だ。

あなたも恐れから神を求めていないか？　あなたの祈りも恐れに基づいてはいないか？　恐れに基づいている宗教は、本当の宗教ではないことを忘れてはならない。恐怖心で満たされた有神論者よりも、恐怖心のない無神論者のほうを私は選ぶだろう。恐れを通して神に到達することは不可能なのだから。

そして知識を通して、ただ知識を通してのみ、神が実在すると知ることができる。愛でのみ、そして愛の強さでのみ、人生を祈りへと変えることができる。自分の知性を目覚めさせるのだ。知性の目覚めによってのみ、神を知ることができる。愛と知性、この基本の二つのマントラを理解した者のみが、知るべきこと、知る価値のあることを知ることができる。

神の寺院はどこにあるのか？　誰かが私にこう尋ねたら、こう答えよう。神は愛の中にあり、知性の中にあると。

間違いなく、愛は神であり、知性は神なのだ。

# 第十九話　天国の門

ある日、天国の門に大きな人だかりができていた。

何人かの聖職者が叫び声をあげていた。「早く門を開けてくれ！」

だが、門番は彼らに言った。「少し待ってくれ。君たちについてもう少し知りたい。君たちが積み重ねてきた知識は経典によるものなのか、自分自身の存在から得たものなのか。なぜなら、ここでは経典から得た知識には価値がないのだ」

そうこうしている間に、ある聖者が群衆の前方までやって来た。「門を開けろ！　私は天国に入りたいのだ。私は数多くの断食や苦行を行ってきた。私が生きていたとき、私よりも激しい苦行を行った者などいただろうか？」

門番は答えた。「スワミジ（※）、どうかもう少し待ってくれ。どういう理由でお前が苦行を行ったのか、知る必要があるのだ――少しでも見返りを望んだのであれば、それは手放しでも苦行でもないのだから」

ちょうどその時、何人かの社会活動家が到着した。彼らもまた天国に入りたがっていた。だが門番は彼らに言った。「君たちも大きな勘違いをしているようだ。見返りを求めて行った奉仕は、決して奉仕とは言えない。どちらにせよ、君たちについてはまだ調べる必要がある」

その時、後方の暗がりに立っている男の姿が、門番の目にとまった。群衆は男のために道を空けるように言われた。男の目からは涙がこぼれ落ちていた。男は言った。

「何かの間違いで私はここに連れて来られたに違いない。私が天国だって？　私はとんだ愚か者だ。経典など全く知らない。手放しについても何も知らない。自分の持ち物が何もない状態で、何を手放すことができるというのか？　それに私は善い行いをしたことがない。善行を行う機会なんてあっただろうか？　愛だけが私のハートから流れ出ている。だが、愛は天国に入るための資格にはならない。実のところ、私は天国には行きたくない。どうか私に地獄への道を教えて欲しい。おそらく地獄が私の居場所で、そこにいるべきなのだ」

男が話し終わった直後、門番は天国への門を開けて、こう言った。

「限りある命の中で、君は祝福を受けた。永遠の命を手に入れたのだ。天国の門が君のために開いている。ようこそ天国へ」

神の祈りが人生という連なりの最後にあるのではないだろうか？　祝福が人生の最後にあるのではないだろうか？

※スワミジ……ヒンドゥー教における指導者の呼び名

## 第二十話

# 今ここに意識があること

それが起こったのは満月の夜だった。私は真夜中に友人たちと一緒に湖でボートに乗っていた。周囲には月の光に照らされた岩しかなかった。全てが信じ難いほど美しかった。まるで夢の町にいるようだった。船頭がボートを漕ぐのを止め、私たちは湖の真ん中で静止した。

だが、友人たちはそこにはいなかった。私と一緒にここに来たはずだが、彼らが後ろに取り残されたのか、先に行ってしまったのか、私には見当がつかなかった。友人たちと一緒だったにもかかわらず、私は湖に独りぼっちだった。私が全く知らないことに、彼らの意識がすっかり取られてしまっていたからだ。友人たちのおしゃべりは、そこには存在しない過去、そしてまたそこには存在しない未来に関係したものだった。彼らの意識は彼らと共にそこになかったのだ。友人たちは、素晴らしい湖と夢のような夜という、今ここに存在するものの中にはおらず、まるで今ここは彼らには存在していないかのようだった。

突然、友人のうち一人が尋ねた。「神は存在するのだろうか?」

彼になんと答えようか? 私はじっくりと考えた。今という瞬間に生きているという関わりを持てない人間が、神と関わり合うことはできるのだろうか? 人生そのものが神だ。人生を知ることが、神を知ることだ。そこで私は友人たちにこう言った。「友よ、これは湖なのか? これは月なのか? これは夜なのか? そして私たちは皆、この素晴らしい満月の夜に、湖の上に存在しているのではないだろうか?」

当然ながら友人たちは皆、驚いて言った。「もちろんそうだ。そこになんの疑問もないだろう?」

私は先を続けた。「私自身に関しては、その点に疑いはない。だが私は、君たちがここにはいないものと思っている。どうかもう一度考えてくれ。その身体がただ今この瞬間に存在しているというだけの人は、この世界の物質的なものについての知識しか集めることができない。だが、全ての意識を持って今この瞬間に存在する人は、神を今ここで感じることができる。神はここに存在するのだ。そして、そこに意識を向けることができる人や、本当の意味で生きている人だけに、神が存在するのだ」

そしてまた私はある出来事を思い出し、友人たちに話して聞かせた。

事務所の外に幾人かが集められた。このうち一名が、無線通信士として選ばれるのだ。応募者と志望者はみんな、無駄なおしゃべりで大忙しだった。送信機から音が徐々に出始めたが、みんな話に夢中になりすぎていて、低レベルの信号に気づかなかった。

そんな中、若い男が一人、皆から離れて部屋の隅に座っていた。若い男は突然立ち上がると、事務所の中に入って行った。残りの人たちは、若い男が立ち上がるのにも、事務所に入って行くのにも気づかなかった。若者が手に採用通知を持ち、笑顔で事務所から出て来た時に初めて、彼に注意を向けた。

当然のことながら皆、言葉を失い怒りに任せて若者に尋ねた。「皆より先にどうやって中に入ることができたのか？　私たちは君よりずいぶん先にここに着いていたのだ。君の順番は最後だったではないか。私たちが先に面接されることなく、どうして君が採用されるというのか？　こんな横暴なことがあるか？　こんな不公平なことがあるか？」

これを聞いて若者は笑い出しながら言った。「友よ、なぜ私が責められなければならないのか？　あなたたちのうち誰もが採用されるチャンスがあった。あなたたちが全員面接されてから、私が採用されていたかもしれないんだよ。皆さんは無線から発信されたメッセージを聞かなかったのか？」

彼らは全員同時に言った。「どんなメッセージだ？　何のメッセージだ？」
若者は皆に言った。「無線信号に気づかなかったのか？　送信機から発せられた信号は、はっきりとこう言っていた。『常に注意深く、意識を研ぎ澄ませている人材を求めている。このメッセージを聞き、誰よりも先に事務所に入って来た人に、採用通知が用意されている』」

神からのメッセージもまた、日々私たちに降り注いでいる。自然は神のシグナルを表す言葉だ。静寂とともにあり注意を怠らない人、神のシグナルに気づける人が、招き入れられる人になるのだ。

# 第二十一話　愛への道

愛は神ではないのか？　そして愛が溢れたハートは寺院ではないのか？　愛を投げ出して神を別の場所に探しに行く者は、無駄な努力をしているのではないか？

かつて私は自分自身にこう尋ねていた。今、私はあなたたちに同じことを尋ねたい。神を探す者は、愛に到達していないと宣言しているようなものだ。なぜなら、愛に到達した者は、神にも到達するからだ。

神を探し求めるのは、愛の欠乏が根底にある。だが実際は、まず愛を経験することなしに、神を見つけ出すことなど不可能だ。神の探求から始める者は、神を見つけ出すことができないばかりか、愛を見つけ出すこともできない。だが愛を探し求める者は、間違いなく愛を見つけ出すことができるうえに、最終的には神を見つけ出すこともできる。

愛は道であり、愛は扉であり、愛は歩みを進めるためのエネルギーだ。愛は人生の渇きであり、愛は人生における最終的な達成だ。つまり、愛は神なのだ。

私はこう言おう。「神を忘れて愛を探せ。寺院を忘れて自分自身のハートの中を探せ——神が存在するとしたら、そこに神がいるのだから」

神のイメージがあるとしたら、それは愛だ。だが神のイメージは、石の偶像の中に失われてしまった。神の寺院があるとしたら、それはハートだ。だがハートの寺院は、土できた寺院に完全に隠されてしまった。つまり、神のために作られた偶像や寺院の中に、神が失われてしまった。神に仕える神父のせいで、神に出会うことが困難になった。神のために歌われる聖歌や祈りの声で、神の声を聞くことが不可能になった。

もし愛が人の人生に戻って来るとしたら、神も愛と一緒に戻って来るだろう。

学びを深めたある男が、聖者を訪ねてやってきた。男はとても大きな経典の束を頭に載せていたため、聖者の家に着く頃には倒れる一歩手前だった。男は到着するなり聖者に尋ねた。「神に出会うためには何をしなければならないか？」

運んできた経典の束は、まだ男の頭の上に載せられたままだった。

聖者は言った。「友よ、まずその束を下ろしたまえ」

男は気乗りしない様子だった。しかし勇気を振り絞り、経典の束を頭から下ろした。魂に抱えている荷物を手放すには、確固たる勇気が必要なことは疑いがない。それでもまだ、男は片手を経典の束の上に載せたままだった。

聖者は言った。「友よ、その手も放したまえ」

男はとても勇気があったに違いない。全身の力を奮い起こして、男は経典の束から手を放したのだ。そして聖者は言った。「君は愛に通じているのか？　君の足は愛の道を旅したことがあるのか？　もしその経験がないなら、愛の寺院へ行き、中に入るのだ。愛に生き、愛を知るのだ。それからここに戻って来るがいい。その時には、君を神へと導くと約束しよう」

学びを深めた男は、家に戻って行った。学びを深めた男として旅に出た男であったが、もはやそうではなかった。これまで身につけてきた知識を聖者のところに置いてきたのだ。男が人並はずれた人物であり、祝福された者であることは確かだった。なぜなら、知識を手放すことは、王座を手放すよりも困難なことだからだ――結局のところ、エゴにとって知識とは、最後の砦なのだ。だが、愛のためには知識を手放す必要がある。

愛の反対は憎しみだ。愛の一番の敵はエゴであり、憎しみはエゴの子供のうちの一人だ。執着、無執着、願望、願望からの解放、欲、憎悪、嫉妬、怒り、憎しみ――これらは全てエゴの子供だ。エゴの家族は大家族だ。

聖者は村外れまで男に付き添い、別れの挨拶をした。彼はそれに値する男だった。聖者は男の勇気を嬉しく思ったのだ。勇気があれば、宗教が生まれる可能性がある。勇気が人を自由へと導き、自由が人を真実と向き合わせてくれる。

それから何年もが過ぎ去った。聖者は男が戻ってくるのを今か今かと待っていたが、男は戻って来なかった。ついに聖者は、男を探しに出た。そしてある日、男を見つけ出したのだ。男は我を忘れて、村で踊っているところだった。だが、男を認識することすら難しかった。男は幸福感で活き活きとしていたのだ。聖者は男のそばで立ち止まると尋ねた。

「どうして君は戻って来なかったのだ？　待ち疲れてしまい、君を探してここまで来てしまった。君は神を探したくはないのか？」

男は言った。「そうなのです、探す気が全くなくなったのです。愛を見つけたまさにその瞬間に、私は神をも見つけたのだから」

# 第二十二話
# 自分を誤魔化す様々な方法

ある女性が私に言った。「私は自分を変えたいのですが、どうすればいいでしょうか?」

私は言った。第一に、自分が着ているものを変えないようにすることだ——なぜなら、自己変革の瞬間が人生に訪れると、思考は着ている服を変えようと必死になる。これは、思考にとって都合がよく、安全でいられるからだ。服を変えることで、思考が死ぬことはない。それどころか、着古した古い服の代わりに新しい服を着ることで、思考は延命することができる。

服を変えることで、自分自身が変わることはない。それどころか、服を変えることでエゴを満足させてしまう。そして、エゴを満足させることは自殺行為だ。

この女性は、私がどういう服を意味しているのか尋ねた。

私はこう答えた。「自分を覆い隠したり、誤魔化すために多くの種類の服がある。自分を誤魔化す覆いとして使えるものは、どんなものであれ用心する必要があるのだ。本当の自分を覆い隠すものは全て自分自身を騙す。私はこういうものを服と名付けている。罪深い者であれば、美徳という服を着る。暴力的な者であれば、非暴力という服をまとう。無知な者であれば、言葉や経典を詰め込み、知識で自分を覆う。信仰心のない思考が信仰から逃げ出すために、宗教という服を着る。これは昔からある常套手段だ」

私の言っていることが日常的に起こっていることに気づかないかと、私はこの女性に尋ねた。

すると女性は少し考えてから言った。「私は尼僧になりたい」

私は言った。「ほら、服を変えるという行為がもう始まっている」

何かになりたいと願う時、思考の陰謀がすでに始まっている。何かになりたいという野心が思考だ。この野心は真実から逃げたがり、そこに存在しないものの後ろに隠れたがる。そして理想がその覆いやマスクの生みの親だ。真実を知りたい人は――根底からの自己変革は、真実を知ることなしには成し得ない――まず本当の自分を知る必要がある。革命は、本来の姿とは違うものを求めることから起こるのではなく、本当の姿を完全に解き放った時に実を結ぶ。自分を完全に知るということが、革命であり、変革である。知るという革命は、この瞬間に起こる。自分を知ることで起こる革命に、時間のずれはないのだ。時間のずれがある時、それは革命ではない。それどころか、覆いを変えようと模索しているにすぎない。

そこで、私は彼女にこんな出来事を話した……。

ある日、ある男がアブ・ハサンに近づいて来て言った。「おお、聖者よ。神が愛する者よ。私は自分の罪深い人生におびえ、自分を変えようと決心したのです。私は聖者になりたい。どうか慈悲を与えてはくれませんか？　あなたが着ている聖なる服を私に譲ってはくれないでしょうか？　その服を着ることで、私も聖人になりたいのです」

男はハサンの足元に頭を置き、涙で聖者の足を濡らした。男の真剣な願いを疑う余地はなかった――男の涙がその証拠ではないか？

アブ・ハサンは男を抱き上げ言った。「友よ、私が服を与えるという間違いを犯す前に、どうか私の質問に答えてはくれないか？　男の服を着ることで、女は男に変わることができるだろうか？　もしくは女の服を着ることで、女に変わることができる男がいるだろうか？」

男は涙を拭いた――どうやら自分は来る場所を間違えたのかもしれない――そして男は答えた。「いいえ」

アブ・ハサンは笑い出して言った。「さあ、私の服を受け取りなさい。だが、私の表面を身に着けたところで、一体どんな違いがあるというのだ？　聖者の服を身に着けることで、聖者になった人などかつていただろうか？」

もし私がハサンの立場なら、こう言っただろう。「聖者になりたいという願望によって、聖者になった人などかつていたのだろうか？」

聖者になるという事象は、向こうからやって来る。知ることによる成果なのだ。何かになりたいという願望がある時は、知ることができない。なぜなら、願望によって動かされた思考は、平穏を失うからだ。平穏がない状態で、自分を知ることなどできるのか？

何かになりたいという願望がある時は、自分から逃避している。自分から逃避している人が、どうやったら自分を知ることができるのか？　そこで私はこう言いたい。「逃げるな、代わりに目を覚ませ。変えるな、代わりに自分を見つめるのだ。なぜなら、目を覚まして自分を見つめる者のところに、宗教がやって来るのだから」

# 第二十三話　エゴ――宗教の頂点

ある裕福な男が特別な日を祝い、友人たちを呼んで宴を開いた。国王もその宴に参加したため、男の喜びは留まるところを知らなかった。

だが、ゲストたちが祝宴を始めるや否や、男の幸せは怒りへと変わった。奴隷の一人が熱い料理でいっぱいの皿を男の足の上に落とし、火傷してしまったのだ。男の目が怒りでギラリとした。奴隷の命がこの先長くないのは間違いない！　奴隷は恐怖で震え始めた。

だが、溺れる者は藁をもつかむものだ。奴隷はその国の神聖な経典の格言を引き合いに出した。「怒りを抑えることができる者は天国へ行く」

奴隷の主人はそれを聞いていた。彼の目は怒りに満ちていたが、自分を抑えながら言った。「私は怒ってなどいない」

これを聞き、ゲストたちはひとりでに拍手を始め、王は裕福な男を称賛した。裕福な男の目にあった怒りは、エゴに満ちたプライドへと変わった。男は大喜びだった。しかし、奴隷はまた話し出した。「天国は許しを与える者のために存在する……」奴隷の主人は言った。「私はお前を許そう」

エゴに満ちた目で、どのようにして許しを与えることができるというのか？　だが、エゴは許しを餌にすることすらできる。エゴのやり口はとても分かりにくい。

この瞬間、ゲストたちには裕福な男がとても信仰深く見えた。それまでは、男が容赦なく他人を食い物にする人間だと思っていた。だが男の新たな側面を見て、ゲストたちは感嘆の念を抱いた。前方に座っていた王もまた、自分より優れた人を見るような眼差しを裕福な男に向けた。男はもはやこの世に属していないように見えた。男の頭は空に届いているかのようだった。

それから奴隷は、格言の最後の残りを言い終えた。「……なぜなら、神は慈悲深い者を愛するからだ」

裕福な男は周囲を見回した。彼の目は、常にこの世の欲に向けられていたが、今日はそれがあの世の欲に変わっていた。そして裕福な男は奴隷に言った。「行け、お前を自由にしてやろう。お前はもう私の奴隷ではない」そして男は金貨でいっぱいの袋を奴隷に持たせた。

男の目にあった怒りがエゴに変わり、エゴが欲へと変わったのだ。

怒り、欲、憎しみ、恐れ——これらは全て、同じ根源から起こった現象ではないのか？

もし宗教がこれほど安いものなら、裕福な男が買わない手はないのではないか？

宗教もまた、恐れや欲の柱に寄りかかっているのではないか？

私はあなたがたに尋ねたい。無宗教の柱とは何であろうか？　エゴが宗教という寺院の頂点ならば、無宗教の寺院の頂点は何なのか？

# 第二十四話　内なる黄金

私はある億万長者の家に泊まっていた。彼が持っていないものなんてあるのだろうか？　だが、彼の目はとても弱々しく、その目を見ると同情せずにはいられなかった。

彼は朝から晩まで、さらなる富を求めて大忙しだった。彼はお金を数え、それを管理し、富を大事に守ることに人生を費やしてきたが、彼は豊かではなかった。富の管理者でしかなかったのだろう。一日中お金を稼ぎ、夜はそれを守る。これが理由で、彼は夜眠ることさえもできなかった。富の管理者が眠ることなどあっただろうか？　睡眠、夢を見ない睡眠は、全ての富の狂気――お金、名声、宗教から解放された人にのみ許される豊かさだ。人生のレースに翻弄されている人は、毎日を心の平穏なしに過ごしている。平穏を欠いた状態は、翻弄する思考の陰に潜んでいるのだ。

思考が静まっている時、そこには平穏がある。

夜になり、私が寝室に行く旨をこの可哀想な男――億万長者ではあるが――に伝えると、彼はこう言った。「私も眠りたい。だが、眠りは私の方をちらりとも見てくれない。心配事や不安に埋もれて、夜が過ぎ去ってしまう。頭の中で駆け巡り続ける意味のない考えの多いことよ。私を怖がらせ続ける物事の多いことよ。どうか私に、快適で健やかに眠る方法を教えてくれないか。私はどうすればいいのだ？　気が狂ってしまいそうだ」

彼にどんな方法を勧めることができるというのか？　私は彼の病気が何なのか知っている。それは富だ。富が昼間は彼を翻弄し、夜には苦悩をもたらす。夜は昼を反映した結果にすぎない。

問題が何であれ、その根本的な原因は、自分の外側に何がしかの安心を求めていることだ。外側に安心を求めても、それは手に入らないばかりか、ただ病を悪化させてしまうだけだ。たとえ安心や安全を外側に見つける努力をやめたところで、自分自身に戻ってこない限り、人生は長くて苦しい夢のままだ。本当の安心は、自分の中にしか存在しない。だが、それを発見するためには、あらゆる状況において安心を手放す勇気が必要になる。

私は億万長者の男にある話をしてから言った。「さあ、行って眠るのだ」――そして驚くことに、彼は眠ることができたのだ。

次の日、彼は目に感謝と喜びの涙を浮かべていた。今、このことを思い返すと、自分自身信じられないような気持ちだ。あの話が彼にどんな魔法をかけたのだろうか？　おそらく、ある特有の状態にある思考には、平凡な話ですら特別な話になるのだろう。そのようなことが彼の思考にも起こったのに違いない。思いがけず、矢が当たるべき場所に当たったのだろう。あの夜、彼は眠ることができた。これは事実だ。そこから新しい花が彼の人生に咲き始めたのだ。

それはどんな話だったのか？　当然のことながら、話の内容を知りたいという願いが、あなたたちの目に深く表れている。

ある所に大きな街があった。その街にある聖者がやって来た。これまで多くの聖者が来ては去って行ったが、この聖者には特別な何かがあった。何千もの人々が彼の住まいを訪れた。そしてそこを訪れた人たちは皆、岩だらけの滝に打たれたような、もしくは完全なる静寂の森の中にいるような、また夜空の星空の下にいるような香《かぐわ》しさや清々しさを漂わせながら戻って行くのだった。

聖者は名前も風変わりだった。彼の名はコティ・カルナ・シュロンと言った。サニヤスになる前、彼はとても裕福で、耳に一千万ルピーもするイヤリングをはめていた。そのため、彼の名はコティ・カルナ――一千万の耳――になったのだ。お金持ちではあったものの、お金では内なる貧しさが消えないことが分かった時、彼は富を手放すことで豊かさを手に入れた。

彼はこのことを他の人たちにも伝えていた。呼吸から起こる音が、目から流れ出る安らぎが、彼の言葉や静けさから降り注ぐ喜びが彼を表す象徴であった。思考が成熟していれば、富、名声、社会的地位、野心からの解放はとても簡単だ。これらは所詮、子供のゲームなのだ。

聖者シュロンを一目見たい、話を聞きたいと願い、何千もの人々が街の郊外に集まった。彼の言葉に耳を傾けると、人々の思考は静まった。それは、風のないところで灯るキャンドルのゆらめきのようだった。この群衆の中に、カティヤニという名の修道女がいた。夕暮れが近づくと、カティヤニは付き添いの者に言った。「家に戻って、明かりをつけておいておくれ。この場を去って、神の言葉を聞き逃したくはない」

カティヤニの召使いが帰り着くと、家が泥棒に入られているのを見つけた。泥棒たちが家の中の貴重品をかき集めている間、グループのリーダーが家の外で見張りをしていた。召使いは急いでカティヤニの所へ戻って行った。泥棒のリーダーはその後を追って行った。召使いはカティヤニの傍に寄ると、高ぶった声で言った。「ご主人様、家に泥棒が入っています」だが、カティヤニは全く気にする様子がなかった。カティヤニは別の世界にいたのだ。

カティヤニはその時、聞いていることを聞き続け、見ているものを見続け、座っている場所に座り続けた。カティヤニは別世界にいた。愛の涙がカティヤニの目から流れ出た。召使いは心配になり、カティヤニを揺すりながら言った。「マザー、マザー！　泥棒たちが家に押し入っています。家にある金の装飾品を全て持って行ってしまいます」

カティヤニは目を開けて言った。「おやまあ、気にすることはないわ。心配しなくていいのよ。泥棒たちに盗みたいものを盗ませればいいわ。服や装飾品はみんな、偽物なのよ。私が無知だった頃は、本物に見えていた。泥棒たちの目が開かれる日、彼らもまた、服や装飾品が偽物だと気づくわ。目が開かれたとたん、本物の金は盗まれたり持ち去られたりできないと気づくのよ。今、私は黄金を見ている。自分の中に存在している黄金を」

カティヤニの召使いは何のことやら全く理解できなかった。召使いは途方に暮れ、言葉を失った。ご主人様に何が起こったのだろうか？

だが、まるで内なる扉が開かれたように、まるで魂のランプに火が灯ったように、泥棒のリーダーの心はこの言葉に動かされた。リーダーは仲間のところに戻って行き、こう言った。「友よ、盗んだものをここに置いていくのだ。この金の装飾品は、みんな偽物だ。

一緒に来い。この家の女主人が見つけた富を探すんだ。この金の装飾品が偽物だと気づかせてくれた富を、私たちも探そうではないか。今まで私も同じ黄金を探し続けてきた。黄金のある場所は遠くない。すぐ近くにある。その黄金は自分の中に存在するのだから」

# 第二十五話　平穏への道

賢者ブリハスパティの息子であるカチャは、全ての経典を学んだ後に、父親の家に戻ってきた。カチャは知ることのできることは何でも知っていた！　だが彼の思考は平穏を知らなかった。享楽への願望でかき乱されていたのだ。カチャは自尊心が高いあまり、平穏を手に入れることができなかった。この状態から逃れるために知識を求めて学んできたが、いまだ平穏は見出せず、そのうえ知識の重みがその状態を悪化させていた。

これはよくあることだ。経典の知識と平穏の誕生との間に、関連性はあるのか？　この二つの間に直接的な関係性はない。それどころか、この手の知識はエゴを増大させ、平穏のない状態へと続く開きかけのドアを完全に開いてしまうのだ。

だが、平穏をもたらさないものを知識と呼んでもよいのだろうか？　真の知識、知るということは、平穏と軽快さをもたらす。平穏でいられなかったり、重苦しさをもたらしたりするものを、知識と呼べるのだろうか？

無知は苦しみだ。だが、知識もまた苦しみなら、どこに幸福が見つかるというのか？　知識が平穏をもたらさないとしたら、幸福を見つけることなど不可能ではないのか。真実の扉に平穏が見つからないとしたら、一体どこに見つかるというのだろうか？　経典の中に真実はないのか？

こんな疑問がカチャの頭の中で嵐のように渦巻いた。彼はとても心を痛めていた。そこでカチャは父親に言った。「私は経典を全て読んだ。師から学べることは全て学んだ。だけど、学びの中に平穏は見つからなかった。とても苦しいし、心が休まることがない。どうか私に平穏への道を教えて欲しいのです。平穏を見つけるには、どうすればいいのですか？」

カチャの見解は正しかった。平穏は経典の中には見つからない――見つかるはずがない。それに、どんな師でも誰かに平穏を与えることなどできない。平穏は外側で見つけられるものではない。実際、自分を通して発見する以外の道はないのだ。

ブリハスパティはカチャに何と言ったのか？　ブリハスパティはこう言ったのだ。

「手放せばそこに平穏はある」

カチャの真実への切望は、単なる好奇心ではなかった。人生の根底にある願望だった。そこでカチャは、全てを諦めた。全てを手放したのだ。カチャはたった一枚のふんどしで何年も過ごし、断食や他にも様々な肉体的苦痛を伴う苦行を行った。

何年もの月日が過ぎ去った。だが、平穏が近づいて来る足音を聞くことはなかった。そこでカチャは、ふんどしをも捨て去ることにした。カチャは完全な裸で暮らし始めたのだ。ふんどしへの執着が、平穏への道の障害になっているかもしれないと考えたのだ。カチャの手放しは疑いなく完全たるものになったが、それでも平穏が彼に訪れることはなかった。

そしてついに、カチャは最後の準備に取り掛かった。彼の肉体自身が最後の障害になっていて、願望がそこにしがみついているのではないかと考えたのだ。だが実際には、苦行や断食で干からびたカチャの身体は、今となっては名目上そこに存在しているだけだった。だが、肉体はまだそこにある。カチャはそれに終止符を打とうとした。火を灯し、自分の肉体を差し出す心の準備をした。どんな犠牲を払ってでも、平穏を手に入れる必要があったのだ。平穏を手に入れるためなら、死ですら受け入れる準備ができていた。

薪が激しく燃え出すと、カチャは父親のところへ行って、火に飛び込む許しを求めた。だが、ブリハスパティは笑いながらカチャを止め、こう言った。「おお、何を言っているのだ！　肉体を手放したところで、何が得られるというのだ？

思考が欲望で満ちていて、その欲望に執着している限り、肉体を焼いたって、何も得られない。欲望はいつも新たな肉体に宿り、エゴはそれを新しい住み処にする。肉体を手放しても、手放しにはならない理由がここにある。思考の手放しが真の手放しであり、思考を手放したところに平穏がある。なぜなら、思考からの解放こそが、平穏だからだ」

しばらくカチャは黙っていた。そして途方に暮れたようにカチャは尋ねた。「だが、どうすれば思考を手放すことができるのですか？」

おそらく、あなたも私に同じ質問をするだろう。平穏を探し求める人なら誰でも、この基本的な困難に直面する。真実や救済を探し求める人なら誰でも、この疑問を抱えている。だが、思考自体が障害になっている。そして思考自体が平穏ではないのだ。

思考とは何か？　何かになりたいという願望が、思考ではないのか？　少し眠りから出てきて、真実を見つめて欲しい。何かになりたいという願望、何かになるための競争、何かになりたいという渇望は、まさに思考自体ではないのか？

もし、何かになりたいという渇望がないなら、思考はどこに存在するのか？　もし、一瞬でも私がここに存在して、私が私自身であって、私以外の何かになりたいという願望がなかったとしたら、思考はどこに存在するのか？　もしこれが事実なら、どうやって思考自身が平穏と真実を探すことができるのか？　平穏を探しているのが思考であり、そこに願望も存在するのだ。何が穏やかになりたがっているのか？　何が真実を見つけたがっているのか？　何が救済を望んでいるのか？　思考自身ではないのか？　もしこれが全て思考ならば、どうやって思考から解放されることができるというのだ？

実際、思考を手放すことは、思考自身の試みや努力によって達成されることはない。なぜなら、思考が何を試みようとも、結局のところ思考を強め、思考に力を与える結果になるからだ。思考が起こす行動はどんなものであっても、思考の願望を追求するものや、願望を探したりするものにすぎない。その行動によって思考が育まれ、さらに強くなっていくのはごく自然な結果だ。

思考それ自身の行動によって、思考が解放されるのが不可能な理由がここにある。どうすれば、思考が思考自身の死の原因になれるのか？　思考はこの世の欲望で成長する一方、救済への願望においても命を見出す。この世に存在する欲と同じものが、宗教の世界にも存在するのだ。この世で失敗したり、失望したり、退屈したりして、俗世での享楽を欲していた思考が、平穏を望み、真実を求め始めるのだ。基本的に願望という意味では同じであるため、思考も同じなのだ。

願望のあるところには、思考がある。願望は俗世のものでもあり、手放しでもある。全ての手放し、俗世を捨て去るという行為の全ては、願望から生まれる。手放しに関わる行為は全て、享楽に反応して起こっている——反応が起こっている限り、そこに自由はない。

行為が何かの反応である場合、それは縛られたものであり、そこから生まれたものである。反応は行為の別の形態であり、実は同じものなのだ。

手放しもまた、享楽である。手放しは俗世界そのものである。享楽であれ手放しであれ、俗世界であれサニヤスであれ、思考の本来の形——思考の中心的核——は、どちらからも影響を受けない。思考の命は願望からくる。何かでありたいという渇望、何かを手に入れたいという渇望、どこかへ到達したいという渇望は、どれも思考の基盤そのものである。享楽と手放しのどちらからも平穏が見つからないのは、これが理由だ。

思考が存在しないところ、そこには平穏がある。そこでしか、平穏は存在できない。思考が存在するということは、平穏がないということだ。思考が存在しない場所に、真実が存在する。だが、あなたたちはこう尋ねるだろう。「どうすれば、思考が存在しない状態になれるのか？」友よ、尋ねるな。尋ねているのが思考だ。「どうすればいいか」という探求が、思考に属している。方法や手段を探すことが、思考に属しているのだ。何かになるための探求は、思考に属しているのだ。思考はいつも「どうすればいいか？」と尋ねている。

そうではない。こう問わずに、思考の作用の仕方を観察するのだ。どんな方法で思考が入り込んでくるのか？　どんな方法で増大するのか？　どんな手段で強くなるのか？　もちろん、思考の作用の仕方は巧妙だ。そのやり方に、目を向けるのだ。何も行動する必要はない、ただ目を向けるのだ。思考の形態やそれに付随した形に注意し、意識を向けるのだ。思考を理解し、思考の全体像を認識するのだ。思考の行為や反応、思考が執着するものしないもの、思考が好むもの好まないものに目を向けるのだ。絶えずこのことを思い出せ。忘れるな。そして、思考に向ける意識は、自然でなくてはならない。私たちの目は、自然と思考に向けられている必要がある。革命は、緊張や集中することなしに思考を理解し、知ることでのみ実現する。実際、思考を知ること自体が改革なのだ。

思考を知ることで、思考が消える。思考を認識する学びの中で、思考を捨て去ることができる。なぜなら、知ることや気づいている状態は、願望ではないからだ。これらの状態は、何かになろうと競っているわけではないし、何かになろうとしているわけでもない。存在しているものへの目覚めであり、起こっている出来事への目覚めでしかない。願望は常に未来へと向かい、知るということは常に今に存在している。知るということの出現が、願望への別れになる理由がここにある。思考を知ることは、思考から自由になることだ。

これは思考の解放ではなく、思考そのものからの解放であることを覚えておくのだ。ここから、自由という無限の光の中、神を知ることができるだろう。

## 第二十六話　お互いを知ること

朝から晩まで、私は何百人もの人たちが、お互いの悪口を言い合っているのを目にする。私たちが相手について判断を下すことの早いことよ！　実際には、誰かのことを判断するほど難しいことはない。おそらく、神を除いて誰も他人を批判する権利を持ち合わせていない。なぜなら、神以外の誰が人を判断するために必要な忍耐を持ち合わせているというのか？　取るに足らない平凡な人間が？

私たちはお互いを理解しているのだろうか？　非常に関係の近い人でさえ、本当にお互いのことを理解しているのだろうか？　友人同士でさえ、お互いを分かり合えず、見知らぬ人になってはいないだろうか？

だが、私たちは知らない人のことですら理解していると主張し、他人についてあまりにも早く判断を下す。

この性急さは、非常に見苦しい。だが、他人のことに思いを巡らせてばかりいる人は、自分のことを考えるのを完全に忘れている。こんな風に性急であることは全くもって無知なことである。なぜなら、知識があれば忍耐が備わるからだ。人生はとても神秘的であるが、きちんと見極めることなく他人について性急に判断を下す習慣のある人は、それを理解できない。

私はこんな話を聞いた。第一次世界大戦に関連した話だ。

中佐が自分の兵士たちに言った。「お前たちのうち五名に、非常に危険な任務に就いてもらう。そこで、危険に立ち向かう準備ができている者は、自主的に列より二歩前に出るように」

中佐が話し終わったちょうどその時、馬に乗った使いの者がやって来て、中佐の注意を逸らした。使いの者は、とても重要な伝達を中佐に届けに来たのだ。伝達を読んだ後、中佐は自分の部隊の兵士たちに目を向けた。兵士たちの列に何の変化もないのを見て、中佐は激怒した。怒りで燃えた目で中佐は叫んだ。「臆病者たちが、この軟弱者たちが！　お前たちのうちたった一人でも前に出る者はいないのか？」中佐は兵士たちをさらに罵倒し、罰を科すと脅しつけた。

言い終わってから中佐は、兵士たちが一人のみならず、全員が前に出ているのに気がついた。列から出て二歩前に！

# 第二十七話　実在と共に泳ぐ

　ある日、私は道端に座っていた。十分な大きさの木陰の下に座り、通りすがりの人たちを見ていた。

　彼らを見て、様々な思いが私の心を横切った。みんなどこかに向かって走っていた――子供、若者、老人、女、男――を問わず、みんな走り去っていったのだ。目は何かを探しているようで、足は長い旅に向けて忙しそうに動いていた。だが、この人たちはどこに向かって走っているのか？　目的は何なのか？　最後には、どこかにたどり着けたと思えるのか？

　あなたたちを見て、同じ思いが私の中に湧き起こる。

　この思いが湧き起こる時、私は激しい痛みを感じる。なぜなら、あなたたちがどこにもたどり着けないと分かっているからだ。あなたたちがどこにもたどり着けないのは、思考と足が、実在とは逆の方向に走っているからだ。

人生でどこかにたどり着くための秘訣は、実在と同じ方向に進むことだ。それ以外には、どの方向でも、どの道でも、目的地にたどり着くことはできない。実在と同じ方向に向かって泳ぐのだ。逆方向に泳げば、自分が崩壊し身を滅ぼしてしまう。

人の恐れとは何か？　不安とは何か？　死とは何か？　実在の流れに逆らって泳ごうと無駄な努力をすることで、全ての問題が発生する。エゴは苦しみで、エゴは病気だ——なぜなら、エゴは実在と逆の方向に進むからだ。実在と逆の方向とは、自分と逆の方向だ。

私はこんな話を聞いた……。

あるパイロットが、時速百五十マイルで小型機を操縦していた。すると突然、激しい突風に巻き込まれた。激しい嵐だった。風の流れは飛行機と逆方向に時速百五十マイルで吹いている可能性すらあった。激しい嵐の中、パイロットの命は危機にさらされ、飛行機が無事に着陸できる可能性は低そうだった。奇妙なことに、飛行機のパーツは全て正常に機能しており、エンジンも大きな音をたてて動いていたのだ。だが、飛行機は一インチすら前に進んでいなかった。

後にこの出来事を振り返ってパイロットは言った。「とても奇妙な体験だった。時速百五十マイルで飛んでいるのに、全く前に進まなかったのだ！　すごい速さで飛んでいたのに、どこにも進まなかったのだから！」

自分自身と逆方向に進んでいたら、どこにもたどり着けないというのも、真実ではないだろうか？　人生の幸せは、自分に生き、自分を知り、自分に到達した人たちにもたらされるのだ。

実在と同じ方向に進んでいない人たちは、間違いなく動いているにもかかわらず、どこにもたどり着けない――というのも人生の真実であり、この世で起こっていることではないか？

神性とは自分の内なる実在だ。実在はまさに自分の表れなのだ。

# 第二十八話
# 奴隷ではなく、帝王であれ

友よ、私は何を教えようか？　私は小さな秘密を教えよう。世界の帝王になる秘密を教えよう。この小さな秘密よりも大きな秘密などあるだろうか？

あなたたちは、世界中の皆が帝王になれるはずはあろうかと尋ねるかもしれない。だが、それは可能だ。誰もが帝王である大きな帝国があるのだ。私たちが知るこの世の人たちは皆、奴隷にすぎない。自分が帝王だと信じ、錯覚の中に生きている人たちでさえ、奴隷にすぎないのだ。

人の外側に世界があるように、人の内側にも世界がある。たくさんの人が帝王になろうともがいてきたが、外の世界では誰も帝王になることなどできない。

あなたも帝王になろうと同じようにもがき、同じように競っているのだろうか？　だが、帝王になりたいのであれば、世界を統治するのではなく、自分を統治しなければならない……。

イエス・キリストは言った。「神の王国は、あなたの中にある」

外の世界で王国を支配した人たちが、自分を失ったことを、あなたは知っているだろうか？　自分自身を失った人が、帝王になれるのだろうか？　帝王になるには、少なくとも自分を知る必要がある。そうなのだ！　外側ではないのだ！　外側の世界は、あなたを貧しさの深みへと連れ去る。外の世界で帝王に見える人たちは、自分の奴隷のそのまた奴隷でしかない。

欲望、渇望、野心による自由はない。逆にこれらは、見えない、しかし非常に強い鎖であなたを縛り付ける。欲望の鎖よりも強い鎖が今までに作られたことはない——そしてこれからも作られることはないだろう。実際、これほど強い鋼鉄が作られたことなどないのだ。この目に見えない鎖につながれた人が、どうやって帝王になれるというのだ？

ある王がいた。プロイセン王国のフリードリヒ王だ。ある夜、王は城の外で年老いた男とぶつかった。道は狭く、夜の闇が四方八方から忍び寄っていた。怒ったフリードリヒ王は、年老いた男に尋ねた。「お前は誰だ？」

年老いた男は答えた。「帝王だ」

フリードリヒ王は驚いて尋ねた。「帝王だって?」そして王はからかいながら言った。

「どの王国を統治しているのだ?」

年老いた男は答えた。「私自身の存在だ」

確かに、自分を統治できる人は、間違いなく帝王なのだ。

# 第二十九話　宗教への無関心

なぜ宗教に対してこんなに無関心なのだろうか？　なぜこんなに日々状態が悪化しているのだろうか？

私はこんな話を聞いた……。

あるところに村があった。そこの住人たちは、とても素朴な人たちで、誰が何を言おうとも、言うことを聞くのだった。

村はずれに神の像が立っていた。ある聖人が村にやって来て、全ての村人をそこに集めて言った。「これは非常にまずい。非常にまずいぞ！　この馬鹿者どもが。自分たちは日陰で過ごし、神は太陽の下にさらされているというのか？　神の像の上に屋根を作るのだ。神がどれほど怒っているか分かるか？」

村人たちはとても貧しかったが、自分たちの屋根を減らすことで、どうにかして神のために屋根を作ることができた。屋根ができあがると、聖人は次の村へと去って行った。聖人は一つの村のみならず、いくつもの村を担当していた。世の中にはたくさんの神がいて、これらの神全てを覆いで守るという使命があったのだ。

それから数日後、別の聖人が村にやって来た。聖人は神の上に屋根があるのを見ると、大変取り乱した。聖人は偶像のところに村人を集めると、怒りをあらわにして言った。「これは非常にまずい。この馬鹿者どもが！　お前たちはなぜ神の上に屋根を作ったのだ？　神がお前たちの作った覆いを必要とするとでもいうのか？　もし火事が起これば、神が燃えてしまうではないか。すぐに屋根を取り払い、どこかへやってしまえ！」

村人たちはこれを聞いて驚いた。だが、言われた通りにする以外に、何ができるというのだろうか？　聖人が言うことは何でも正しい。聖人の言うことを聞かなかったら、今後何度生まれ変わっても呪われるか、地獄へ落とされるというひどい目に遭わされるかもしれない。神は聖人の手中にあるため、聖人が願うようにするしかない。

哀れな村人たちは屋根を取り払い、それを捨ててしまった。何日にもわたる労働、労力、そして貧しい村人たちの資源が全て無駄になった。だが、何が起こったとしても、これはちょっとした幸運なのだろう。なぜなら、神を屋根で覆うという恥さらしなことから救われたのだから！　村人たちが神の像から屋根を取り払うと、聖人は次の村へと向かった。そう、聖人は一つの村のみならず、いくつもの村を担当していた。世の中にはたくさんの神がいて、これらの神全てを覆うものを取り払うという使命があったのだ。

だが、またすぐに次の聖人が村にやって来た。その時までには、村人たちは十分に心得ていて、間違っても神の像の方へと歩いていかないことを学んでいた。またどんな問題が見つかるか分からなかったからだ。こうして、村人たちが神の像へと足を向けることはなくなった。

この村で起こったことは、世界中のどこででも起こっているのだ。聖人たちはこのように醜い行いをし、人々の思考へ恐れを植え付ける――しかも全て宗教という名の下に――人々が神の方へと進んで行くのを止めてしまったのも不思議はない。

宗教への無関心は、結局のところ、いわゆる「聖人」たちによって広められた、恐れや盲信への無関心だ。

宗教への無関心は、宗教という殻を被った搾取や偽善、愚かさへの無関心だ。

宗教への無関心は、宗教の誤った代用物となっている、全ての宗派への無関心だ。

宗教への無関心は、宗派によって生み出された嫌悪や嫉妬、憎悪への無関心だ。

宗教への無関心は、実際には宗教への無関心ではなく、本当のところは、宗教でない全てのものに対しての無関心だ。

# 第三十話 最初に問題を突き止める

ある王国の首相が死んだため、国王は、国で一番聡明な人物を探し出し、新しく首相に任命するという最も難しい問題を抱えていた。そこで幾つかの試験が行われ、最終的に三名の候補者が選ばれた。この三名から、さらに一人を選ばなくてはいけない。

最終試験を直前に控えたある日、こんな噂が出回った。国王が三名の候補者を部屋に閉じ込め、そのドアには国で最高の職人が作った最高の鍵をかけるという。この鍵は、数学に非常に長けた人物にしか開けることができないということなのだ。三名の候補者のうち二名は、心配と興奮で試験の前夜は眠ることができなかった。一晩中、二人は鍵に関する本を読み漁り、数字や数式を暗記しようと奮闘した。

夜が明けようとしているにもかかわらず、二人は算術で頭がいっぱいになり、二足す二ですらろくに計算できない状態だった。二人は宮廷へ向かう途中、後で必要になるかもしれないと思い、数学の本を数冊服の下に隠し持っていった。二人の目には、自分たちは準備万端だと映っていたが、夜通し本を読み漁ったために、頭の回転は鈍く、足は酔っ払いのようによろめいていた。論文や知識自体が毒を持っているのだ。二人は、前夜穏やかに熟睡した三人目の候補者はどうかしていると思った。なんと気楽なことだ？　二人は、三人目の男の愚かさを笑っていた。その笑いは止まらなかった。

宮廷に着くとすぐ、それまでに聞いていた噂は間違いなく本当であることが分かった。候補者三人はすぐさま、例の噂の鍵のかかった大きな部屋に閉じ込められた。この鍵は、その時代の機械技術における最高の発明品で、数学を基礎に作られていた。この鍵は、数学的観点から解く必要がある難易度の高いパズルのようだった。候補者たちは、この鍵についいて、すでに噂に聞いて多くの情報を得ていた。そして、鍵に仕込まれた数字やマークが、その噂が事実だということを物語っていた。

部屋に閉じ込められるとすぐ、三人は、候補者のうち最初に鍵を開けて部屋から出てきた者が、国王により首相に任命されるということを知った。一晩中本を読み漁っていた二人は、すぐさま鍵に仕込まれたマークを読み始め、計算を始めた。その合間を縫い、持ち込んだ本を取り出し、参照することもしていた。季節が冬ということもあり、大きな窓から冷たい朝の風が吹き込んでいたが、二人の額からは汗が出ていた。与えられた時間は短く、鍵を開けるという課題は難しかった。しかも、まもなく自分たちの将来が決まるのだ。手は震え、呼吸は速くなった。何かを書き留めては、何か別のものを計算していた。

だが、前夜にぐっすり眠ったもう一人の候補者は、鍵を調べることもなく、ペンを持ち上げることもなく、数学的問題を解くこともなかった。ただ、目を閉じて辛抱強くそこに座っていた。彼の顔から、心配も興奮も見て取れなかった。まるで何も考えていないように見えた。彼全体、その存在は、風のない部屋に灯る揺るぎないランプの炎のようだった。彼は全くもって静かで穏やかであり、無の状態だった。だがその時、彼は急に立ち上がると、とても自然で穏やかな面持ちで、ゆっくりと部屋のドアへ向かって歩いて行った。それからとてもゆっくりと、ドアの取っ手を回した。すると驚くことに、ドアは開いたのだ。

鍵とそれにまつわる話は全部、嘘だったのだ。しかし残りの二人の候補者は、数学的問題を解くのに大忙しで、それに全く気づきもしなかった。二人は、もう一人の候補者がもう部屋にいないことにすら気づいていなかった。二人は、国王自身が部屋に入ってきて、「紳士諸君よ、計算をやめるのだ！　すでに部屋から出ることができた者がいる」と言って初めて、この驚くべき事実を知ったのだった。

可哀想に、二人の候補者は、自分たちの目が信じられなかった。どう考えてもふさわしいとは思えない三人目の候補者が、国王の後ろに立っているではないか。言葉を失った二人を見て、国王は言った。「人生において、最も重要なことがある。私たちはまず、実際に問題が存在しているのか、本当に鍵がかかっているのかということを確認するべきだ。問題を特定できないまま問題を解こうとすれば、当然、誤った方向へ導かれ、永遠に間違った方向へと進み続けてしまうだろう」

この話は奇妙ながらも真実だ。

神との関係においても、同じことが言える。神のドアは、天地創造の時からずっと開いている。ドアにかけられた鍵の噂は全て、全くの偽りだ。必死で神の門をくぐろうと願う者たちは、その鍵を恐れて、経典を抱きかかえている。だがこれらの経典や教えが、彼らにとって逆に鍵となってしまっているのだ。そして彼らは、神のドアの外で座ったままでいる。経典を使って数学的問題を解かずして、どうやってドアを潜り抜けて中に入ることができるのか？　経典を持たずにドアへ手を伸ばす勇気のある人は、ほとんどいない。

だが、私はこうやって手を伸ばした。手を伸ばしながら分かったのは、私が見る限り、学びを深めた人たちは、自分たちの経典の山に埋もれて座り問題を解くのに没頭するあまり、私のようにふさわしくない人物がやって来たことにすら気づかなかった、ということだ。

私はドアに手を伸ばし、ドアノブを回した。すると、ドアの鍵はすでに開いていたのだ。最初、自分はとても幸運なのだと考え、門番が誤ってドアを閉め忘れたのだろうと思った。そうでもなければ、経典について何も知らず、教えについて何も知らない人物が、真実の世界へと入っていくことなど許されるだろうか？

恐る恐る中に入ると、すでに中にいた人たちが私に言った。神へのドアが閉まっているという噂は、悪魔によって広められたものであり、何の根拠もないのだよ。神のドアはいつでも開いているのだから。

愛のドアも、こんな風に閉まることなどないのではないだろうか？　真実のドアも、こんな風に閉まることなどないのではないだろうか？

## 第三十一話　生に隠された死

人々が生を受け入れているにもかかわらず、死を受け入れないことに私はとても驚かされる。だが、生と死は同じ現象の両端である。

死は生に隠されている——生は死の始まりにすぎないのではなかろうか？　生の始まり以降、死を拒絶することから恐れが生まれ、恐れゆえ、死から逃げようとする。恐怖に怯え、逃げようとしている思考は、死を理解することがない。だが、どんなに逃げようとしても、死から逃れることはできない。なぜなら、生を受けた瞬間から、死はそこに存在しているのだ。死から逃れることはできない。それどころか、あらゆる方向に逃げたとしても、最後には死がやって来る以外にないと知ることになる。

こんな昔話がある……。

ヴィシュヌ神が、シヴァ神に会いにカイラシュ山に向かった。ヴィシュヌ神は羽を持つ全ての生き物の王、ガルーダに乗って、そこまで飛んで行った。ヴィシュヌ神がその背から降り立つと、ガルーダは門のところでヴィシュヌ神を待った。ガルーダがそこで待っていると、扉の上にいたハトに目が留まった。そのハトは恐怖で身を震わせていた。

ガルーダは、何をそんなに怖がっているのかとハトに尋ねた。そこでハトは涙を流しながら言った。「ついさっき、死神が宮殿に入って行ったのです。死神は驚いた様子でしばらく私を見て微笑み、斧を振り回しながら行ってしまいました。死神の謎めいた微笑みは、私の死を意味しているに違いないのです。私の終わりは近い」そしてハトはさらに大声で泣き始めた。

ガルーダは舌打ちして言った。「お前は必要以上に怖がりすぎている。お前はまだ若いのだから、病気にかかって死ぬことはない。天敵について怖がっているのなら、こちらに来て私の背に乗るのだ。一瞬のうちに、ここから何千マイルも離れたロカロクの丘まで連れて行ってやろう。そこにはお前の天敵はいない」

この案を聞いてハトは気分が良くなった。そしてガルーダは、どんな天敵もいない人里離れた丘へ一瞬にしてハトを連れて行った。だが、ガルーダがちょうど戻ったところで、門から出て来る死神に出くわした。ガルーダは笑顔で言った。「あのハトは、もうここにはいない。何千マイルも離れたロカロクの丘で、安全に暮らしている。今ちょうど、ハトを向こうに連れて行って戻って来たところだ」

これを聞き、死神は大声で笑いながら言った。「そうか、ハトを丘へ連れていったのはお前か？　ハトを見て驚いたのは、どのようにしてハトがあそこまで行ったのか、不思議に思ったからだ。丘に着いてすぐ、ハトは死に直面することになったのだよ」

## 第三十二話

# 手放しを決意する者が手放すことはない

ある若者が私を訪ねてやって来た。彼は俗世を捨てるつもりだった。必要な準備が全て整い次第、すぐにでもサニヤスになる予定だった。その準備のほとんどが整い、彼はとても幸せそうだった。

彼の話を聞いた後、私は笑い出すとこう言った。「俗世のための準備は聞いたことがあるが、手放すための準備とは何なのか？　手放すためにさえ、準備や計画が必要なのか？　準備周到に手放すなんて、手放しと呼べるのだろうか？　それは、俗世の思考の延長線上にあるのではないか？」

「俗世と手放しは、同じ思考に一緒に存在することができない。俗世の思考が、手放しの思考になることはない。俗世から手放しへの切り替えは、思考の根本的変革なしにはあり得ないのだ。思考の基本的な変革こそが、手放しである。サニヤスになることは、着ているものを変えることでも、名前を変えることでも、住まいを変えることでもない。それは、ものの見方の変化だ。思考の完全なる変化であり、自分の完全なる変化だ。この変革に、俗世で機能していたプロセスは通用しない。俗世の算段は役に立たないばかりか、変革の障害にさえなり得る。夢の中のルールが起きている時には通用しないのと同様、俗世の真実はサニヤスの真実ではない。つまり、サニヤスとは、夢の中の俗世から目覚めることなのだ」

ここで私は話を止め、若者を見た。彼はいささか不愉快そうだった。どうやら私の話は、サニヤスの準備をしている彼に衝撃を与えたようだった。彼はこのような話を聞きに私のもとへ来たのではなかったのだろう。一言も発することなく、若者はそっぽを向いた。そこで私は彼に言った。「いいか、もう一つ話を聞くのだ……」

アジャル・カイワンという聖者がいた。一人の男が真夜中にカイワンを訪ねて来て、こう言った。「神より祝福を受けた者よ、私は俗世の全ての快楽を手放すことを誓った。俗世との全ての繋がりを断絶する決意をしたのだ」

もし私がそこにいたら、男にこう言っていただろう。「愚か者よ、誓いを立てる者は弱い人間だ。手放しを決意する者が手放すことは、決してないのだ。たとえ手放したとしても、『手放した』という事実にしがみついてしまう。手放しは、無知な思考が決意するものではないのだ。それは、知識のごく自然な一部なのだよ」

だが、私がそこにいたわけではない。カイワンがそこにいたのだ。カイワンはその男に言った。「お前の考えは正しい」

男は喜んで帰って行った。数日が過ぎ、男はカイワンのところへ戻って来て言った。「今、私はマットレスと服の準備をしている。必要なものを集めたら、すぐにでも修行僧になるつもりだ」

だがさすがのカイワンも、今回は男の考えが正しいとは言えなかった。「友よ、僧になるには、集めることを手放さなければならない。だがお前は集めることに必死になっているではないか！　行け、自分の世界へ戻るのだ。お前にはまだ手放す資格がない」

# 第三十三話

# 愛の人生、信仰深い人生

神を拝むため、あなたたちが寺院に向かうのを見て、寺院にしか神が存在していないのかと私は疑問に感じる。なぜなら、寺院を出ると、あなたたちの目にあった純粋な輝きも、息づかいの中に聞こえた祈りの音も消え去ってしまうからだ。寺院を出た途端、あなたたちは寺院に行ったことがない人たちと何の違いもなくなるからだ。これは、寺院に赴くことが無意味だという証拠ではないだろうか？　寺院の外の階段では無情な人間であるにもかかわらず、寺院の中では情け深くなるというのか？　非情な思考が、寺院の扉をくぐった途端、愛に満たされ始めるなんて信じられるだろうか？　宇宙への愛を持たない心から、神への祈りが生まれるというのか？

愛のない人生を送る者に、人生に祈りを捧げることはできない。全ての原子に神を見出すことができない者は、どこにも神を見つけることはできない。

それが起こったのは夜だった。何者かも分からない一人の旅人が、メッカの神殿にたどり着いた。大変疲れていたため、旅人はそのまま眠ってしまった。旅人の足が、無作法にカアバ神殿の神聖な石に向けられているのを見て、聖職者たちは激怒した。彼らは旅人をたたき起こすと、こう言った。「なんと罪深いことをしているのだ！　足を向けて神殿の聖なる石を侮辱するとは、なんと浅はかな！　こんな眠り方があるか？　神の神殿に向かって足を向けるなんてことをするのは、無神論者だけだ！」

神殿の聖職者たちの怒った態度を眺め、情け容赦のない侮辱的な言葉を聞き終わってから、旅人は笑い出して言った。「分かった、では神がいない場所に足を向けよう。どうか神がいない方向に私の足を置いてくれないか。私にすれば、どの方向にもどの方角にも、神の神殿が存在する」

この風変わりな旅人の名は、ナナックといった。ナナックの返事は、真理そのものだ。「そのとおり、神はどこにでも存在するのではないだろうか？　私はあなたに、あなたの足にも神は存在するのではないか？　と尋ねたい。そう、神は足にも存在する。神以外の何がそこに存在するのだ？　実在か？　——神とは実在全てだ。だが、神殿や偶像、聖なる川にしか神を見出さない人の目は、全ての中に神を見出す時、くらくらするだろう」

# 第三十四話　自分を受け入れる

ある日、私は森にいた。雨季の最中で、木々は喜びに溢れていた。私は一緒にいた人たちに尋ねた。「木々がとても幸せなのが分かるか？　なぜ幸せなのか分かるか？　――木々は、自分たちが本来あるべき姿になっているから幸せなのだ。もし、種が別のものであるのに、木が別の何かになりたいと望んだら、これほどまでの幸せは森の中には存在しないだろう。だが、木には理想という概念がなく、その本質によって求められる姿になっていく。展開していくものがそのものの本来の姿や性質である時に、充足感が得られる。自分に抵抗している人間は不幸だ。人間は自分のルーツに反抗し、本来の自分とは違うものになろうと絶えず奮闘している。こうして人間は自分自身を失い、生まれながらの権利である天国をも失ってしまうのだ」

友よ、本来の自分になりたいと願うことが、望ましくはないか？　本来の自分以外になろうとする全ての努力をやめることが、望ましくはないか？　自分以外の存在になりたいというその願いこそが、人生における全ての不幸の主な根源ではないか？　本来の自分とは違う存在になろうとする努力ほど、不可能で無意味なことがあるか？　全ての人は、本来の自分自身にしかなれない。種の中に、木への成長が隠れているのだ。別の何かになりたいという願いは、絶対に叶わない——叶わないのだ。なぜなら、初めから自分の中に隠されていないものが、どうやって最後に現れるというのか？

人生は、生を受けた時に織り込まれ、隠されているものの発現だ。発展や成長というのはただ本来の自分の発見そのものであり、隠されたものが発現しない時、そこに不幸が生まれる。もし、母親が我が子を子宮に一生抱え続けることになったら、言葉では言い表すことができない、耐えがたい苦痛を感じるだろう。同様に、本来運命づけられた自分になれない人は、不幸になる。

だが私には、皆が同じレースで競っているように見える。皆、自分とは違う何かになりたがり、そして誰も成功することはない。最終的な結果はどうだ？　結果は、皆、本来なり得る自分になれないでいる。本来の自分とは違う自分になることは不可能であるため、なりたいと夢見る自分にもなれないのである。

ある種族の王が、生まれて初めて大きな街へ行った。王は、自分の写真を撮ってもらいたかったのだ。王はスタジオに連れて行かれた。写真家は、門のところにこう書かれた看板をぶら下げていた。「お好みの写真をお撮りいたします。あなたご自身の写真：十ルピー、自分が思うところのご自身の写真：十五ルピー、他人にこう見せたいというご自身の写真：二十ルピー、こんな自分だったらと願うご自身の写真：二十五ルピー」

素朴な王はこの看板に驚き、最初のタイプの写真以外を撮りたがる客が来たことがあるかと、写真家に尋ねた。写真家は、最初の写真を撮りたがった客は、今まで現れたことがないと答えた。

あなたは、写真家からどの写真を撮ってもらいたいだろうか？　あなたの思考はどう答えるのか？　心の奥底で、最後のタイプの写真を好んでいないだろうか？　持参したお金が足りない場合は別であるし、状況次第で選択に違いが出てくることはあるが、そうでない限り、誰が最初の写真を撮ってもらいたがるだろうか？　だが、「ばか正直な」王は、一つ目のタイプの写真を撮ってもらってから言った。「私は私自身の写真を撮ってもらうためにここに来たのだ。別の誰かの写真ではない」

人生のドアにも、同じような看板がいつもぶら下げられてきた。人間を作るずいぶん前から、神はこの看板をそこにかけてきたのだ。

この世の全ての偽善は、自分とは違う何かになりたいという願望から生まれている。本来の自分ではないものになるのに失敗すると、自分とは違う何かに見せようと必死になる。このような行為を偽善と呼ぶのではないか？　そしてその試みにさえ失敗すると、その人の心は乱れる。そして、なりたい自分について想像するのはどんなことでも自由だと思うようになる。だが、偽善だろうが狂気だろうが、どちらの根本的原因も、自分を受け入れることを拒絶することにある。

健全な人のしるしはまず、自分を受け入れていることである。人は、自分自身の写真を撮ってもらうために生を受けたのだ。自分とは違う誰かの写真を撮ってもらうためではない。他人の枠に自分をはめ込もうとする試みはどれも、病んだ思考の表れだ。理想とされているものを刷り込まれてきたことや、他人に従うように吹き込まれてきたことで、人は自分を受け入れなくなっている——そして始まりの時からすでに、間違った方向へと旅を進めることになる。

だが、このタイプの「文明」は、慢性的な病気のように人間を支配してきた。人々は、なんと醜く異常な状態に陥ってしまったのか！　全くもって健全で自然な状態ではない。なぜか？　文化、文明、教育の名の下に、人の本質が絶えず抹殺されてきたからだ。この陰謀に気づかないでいると、人は根源まで徹底的に破壊されてしまうだろう。

文化は、人の本質に反したものではない。人の本質が成長した形だ。人の未来は、外側からの理想で決められるものではなく、生まれ持った本質によって決められる。その結果、自然な形での内なる統制が生まれ、自分自身の顔が開かれ明らかになり、究極の真実が見出される。

自分自身を選び、自分自身を受け入れ、自分自身を探求し発展させろと私が言う理由がここにある。自分自身であること以外に、誰にとっても理想像などない。あり得るはずがない。物真似は自殺行為だ。他人に依存しても神が見つかることは決してないということを覚えておくのだ。

# 第三十五話　他人に見る自分の姿

ある朝早く、友人が私を訪ねてやって来た。友人の目は、怒りと憎しみで燃えていた。辛辣に毒々しく、誰かを罵っていた。私は我慢強く彼の話を最後まで聞いてから、ある出来事について聞いたことがあるかと彼に尋ねた。聞く耳を持つ様子ではなさそうだったが、それでも彼はこう尋ねた。「どんな出来事だ？」

私が笑い出したので、友人は少しリラックスしたようだった。それから私は話し出した……。

ある心理学者が、愛と憎しみについての研究を行った。学者は、大学の十五名から成るクラスに対して、クラスメートの中で憎まれて当然だと思う人の名前の頭文字を三十秒以内に書き出すようにと言った。

ある若者は、誰の名前も書くことができなかった。他の学生たちは、数名の名前を書き出した。一人の学生は、書ける限り多くの名前を書き出した。研究の結果は、非常に驚くべきものだった。嫌いな相手の名前を多く書き出した学生たちは、他の学生からも嫌われているという結果になったのだ。最も素晴らしく意味深い発見は、誰の名前も書き出さなかった学生は、誰からも名前を書かれなかったということだ。

人が人生という道のりで出会う相手は、自分の鏡であることがよくある。私たちは、自分の姿を他人の中に見つけることはないだろうか？　自分の中に憎しみがあると、他人がその憎しみに値すべき人間に感じられないか？　その憎しみ自体が、憎むべき人を創り出し、生み出してしまう。そしてこれらの創造物や発明品には、目的がある。憎むべき相手がいるお陰で、自分自身の中にある憎むべき自分を見なくて済むからだ。他人のことを針小棒大に騒ぎ立てると、自分の中にある大きなことが、ささいなことに感じ始めるのだ。

片方の目しか見えないという苦痛から逃れるには、二つの方法しかない。自分の目を治すか、他人が両方の目を失ったと想像するかだ。もちろん、後者のほうが簡単そうに思える。自分は何もしなくてもいいからだ。ただ想像するだけでよい。

私たちが他人に会う時、その人たちを自分の鏡だと考えるべきだということを覚えておいて欲しい。他人の中に見るものは、自分たちの中にも存在しないか、まずは探ってみるべきだ。そうすることで、日々の人間関係という鏡の中で自分探しに忙しくなる。

この世やその人間関係から逃げ出すことは、臆病であるだけでなく、無意味だ。自分を探すために人間関係を使うのが、正しい方法である。鏡なしに自分の顔を見ることが不可能なように、人間関係がないと自分を知ることも不可能なのだ。他人という形の中で、自分自身と絶えず対面しているのだ。愛で満たされた心は、他人の中に愛を見出す。こうした経験が頂点に達することで、最終的に神との対面へと導かれる。

この地球上で、地獄に暮らす人たちと、天国に暮らす人たちがいる。苦痛も喜びも、地獄も天国も、その大本は私たちの中に存在する。そして私たちの中に存在するものは全て、外のスクリーンに映し出される。この世界で目に映るものが死しかないという人もいれば、この宇宙の神聖さにおける永遠の美しさや調和を映す目もある。

つまり、外側に現れるものは、永遠でもなければ、人生の核でもない。私たちの内側なのだ。この真実に常に目を向けることができる人は、外側の物事から解放され、内側に落ち着く。喜びを経験しても苦痛を経験しても、憎しみを経験しても愛を経験しても、友とともにあっても敵がいても、思考にこのことが常にあれば、結局のところ、喜びも苦痛も、敵も友も存在せず、そこには自分がいるだけだと気づく。私が私自身の敵であり、私が私自身の友なのだ。

# 第三十六話　こだま

私は丘にいた。友人たちも何人か私と一緒にいた。ある日、私たちは谷へと出かけて行った。そこは、とてもはっきりしたこだまが響く場所だった。友人の一人が犬の鳴きまねをすると、丘で犬が吠え始めた。別の誰かが好声鳥（※）の鳴き真似をすると、「クーフ、クーフ」という甘い声が谷に鳴り響いた。

私は友人たちに言った。「この世も同じだ。自分たちが投げかけたものが、自分に返ってくる。花は花を生み、とげはとげを生む。愛に満ちたハートには、全世界が愛を浴びせ始め、憎しみで満たされた人には、苦しみの炎が所構わず燃え始める」

そして、私はそこにいた友人たちに、ある話をした……。

一人の少年が、村の近くにある森へ初めて出かけて行った。少年は一人でいることが怖くなり、周囲が気になり始めた。ちょうどその時、草むらで奇妙な音が聞こえた。まさか誰かがこっそりつけて来たのだろうか？　少年は大きな声で怒鳴りながら尋ねた。「そこにいるのは誰だ？」

丘はそれよりも少し大きな声で返した。「そこにいるのは誰だ？」

誰かがきっと隠れているに違いないと、その時少年は確信した。少年はますます怖くなった。手足は震え始め、心臓はドキドキし始めた。だが自分を勇気づけるために、少年は隠れている誰かに叫んだ。「この臆病者！」すると、こだまが響いた。「この臆病者！」最後に、少年は勇気を振り絞って叫び返した。「お前なんか殺してやる！」丘と森は叫び返した。「お前なんか殺してやる！」

少年は急いで村へと走って帰って行った。少年の足音のこだまは、まるで誰かが追いかけて来ているように聞こえたが、今となっては恐怖で後ろを振り返ることすらできなかった。家に着いた途端、少年は気を失って倒れてしまった。意識を取り戻すと、全ての出来事を話した。話を聞き、少年の母親は大きな声で笑いながら言った。「明日、森へ戻って、その得体の知れない人に、私が言うように言ってごらん。私はその人のことをよく知っているよ。彼はとても素敵で、愛らしい人だよ」

次の日、少年は森に行った。同じ場所に到着すると、少年は言った。「友よ！」するとこだまが響いた。「友よ！」心地よい音が、少年を元気づけた。少年は言った。「お前を愛している！」丘と森が繰り返した。「お前を愛している！」

このこだまの物語は、いわば人生の物語と同じではないか？　私たちは皆、森の中の幼い子供であり、見知らぬ者なのではないか？　自分自身のこだまを聞き、怖くなって逃げ出しているのではないか？　私たちも、同じ状態なのではないか？

「お前を殺してやる！」という声がこだまだとしたら、「お前を愛している！」というのもこだまに過ぎないということを覚えておくべきだ。一つ目のこだまから逃れて、二つ目のこだまに恋をするのは、幼さからの解放にはならない。最初のこだまを怖がり、二つ目のこだまを愛し始める人たちがいるが、基本的にこの二つのこだまに違いはない。幼さが両方に隠されている。

知っている者は、どちらの幻想からも解放されている。人生の真実は、こだまの中には見つからない。それは自分の中に隠されているのだ。

※好声鳥……インドからオーストラリアにかけて分布する鳥、オニカッコウのこと。全長約四十センチ、全身黒色。鳴き声が美しい。

# 第三十七話

# 世界は自分の目が見るままに

近所の人が殺されたという知らせを聞いた時、私はちょうど眠りから覚めたところだった。みんな、その話でもちきりだった。センセーショナルな雰囲気が漂い、普段は生気のない人々の目が光っていた。誰も悲しんでいなかったし、同情もしていなかった。ただ、病的で不穏な雰囲気がそこにあった。死や殺人が喜びをもたらすのか？　破壊もまた、幸せをもたらすのか？　おそらくそうなのだろう。そうでなければ、大衆の思考が戦争に熱狂するはずがない。

人生の流れが創造の道から外れてしまうと、突然、破壊の道へと引きずりこまれる。そして、自分を発現させる唯一の別の手段が、破壊になってしまうのだ。創造的になれないでいると、自分でも気づかないうちに人生が破壊の方向へと向かってしまう。個人であれ、社会であれ、国であれ、どこにでも破壊への熱望は存在する。

人間が破壊へ向かうと、最終的に自殺行為になる。破壊への嗜好が高じると、自分を破壊することになる。他人を殺すことと、自分を殺すこととは、大差がない。他人への暴力は、自分への暴力に変わる。

私は、その夜に殺された男を知っていた。その男を殺した男も知っていた。二人は昔からの宿敵で、長い間相手を殺すチャンスを狙っていた。おそらく、この大事な目的以外に、他に人生で熱意を持てるものがなかったのだろう。だからおそらく、殺した方の男は殺人を犯した後、自らを法の手に委ねたのだろう。目的が達成された今、生きている意味があるのか？　生きる目的であった相手が、もう存在しないのだから。

多くの人が敵のために生きているとは、驚くべきことではないだろうか？　友のために生き、友のために死ぬ人は、ほとんどいない。愛ではなく憎しみが人生の土台になっているのだ。そうであれば、死に対して密かに喜びを見出し、どうしようもなく破壊へと惹きつけられ、それを切望するというのもいたって自然なことだ。一個人が暴力に惹かれ、国が戦争に惹かれていくのは、そういう理由があるのだ。

この嫌悪は何なのだ？　自分の人生が幸せの絶頂へと達しないことで、他人に復讐しているのではないのか？　きっとそうだ。なぜなら私たちは、自分が達成できないことを他人の責任にすることで、人生に対する後悔の念からの楽で安易な逃げ道を見つけているのだ。

　この憎悪は何なのだ？　自分が友好的になれないことを触れ回っているようなものではないのか？　敵を破壊したら、憎悪は終わるのか？　憎悪は敵を生み出す。だから、敵を破壊することはできても、憎悪は依然として残る。友の死によって、友情は壊されるのか？　いや、そんなことはないではないか？　ではどうやって、敵を殺すことで、憎悪を破壊することができるのだろうか？　友や敵を私たちは外側に見ることができるが、その根源は自分の内側にある。ガンジス川のような人生の流れは外側にあるが、ガンジス川の源であるガンゴトリ（※）は、常に内側にある。例えば私は、全ての人から自分のこだまが聞こえる。私がどういう人間であるかは全て、他人に映し出されているのだ。

　私はこんな出来事を思い出した……。


　それは月のない夜だった。ある男が誰かの家へ忍び込み、その家の男を殺そうとしていた。周囲には誰もいなかったが、男は心の中でものすごく怯えていた。周囲は静まり返っていたが、男の内側は雑音だらけで動揺していた。びくびくしながら、男は震える手でドアを開けた。驚くことに、ドアは内側から鍵がかけられていなかった。ただ閉められていただけだったのだ。いったい、どうしてなのだ？　ドアを開けたらそこに、手に銃を持った強くて残忍そうな男が目の前に立っていた。もしや、見張りの男なのか？　だが、今さら引き返すことなどできない。死が目の前に立ちはだかっているのだ。考えている時間はない。自分を守るため、男は持っていた銃を撃ち放った。

全ては一瞬の出来事だった。家全体が銃弾の振動で震え、何かが壊れて粉々になった。一体、何だったのだ？　銃を撃った男は、茫然としていた。男の前には誰もいなかったのだ。銃弾から立ち上がる煙と粉々になった鏡があるだけだった。

人生でも同じことが起こっている。自分を守るという仮想の必要性から、私たちは鏡と戦い始める。内側に恐れがあるが故に、外側に敵が現れ始める。死が内側にあるが故に、殺人者は外側を恐れ始める。だが、鏡を壊したら敵はいなくなるのだろうか？　敵は、友情をもってして破壊することができる。死ではなく。愛以外で、敵を消滅させることは不可能なのだ。

敵は自分たちの中に住んでいる。自分の憎しみ、自分の恐れや憎悪、嫉妬に巣食っている。そして、それらは外側に現れ始める。黄疸を患っている人の目は黄色く、患者には世界が黄色に見える。このような病気の正しい対処法は何か？　世界から黄色を取り除くべきか？　もしくは目の治療をするべきか？

世界は自分の目が見るがままになる。自分たちの目に、敵や友の色が隠されている。誰も敵を望んでいないが、私たちは憎悪を大切にし続ける。敵がいなくなって欲しいという願望からも、私たちが敵ではなく友を欲しがっていることは明らかだ。だが、私たちは血液の中に憎しみを育てている。全く馬鹿げたことだ。私たちは友が欲しいのに、愛を生み出そうとしない。私たちは友が欲しいのに、その代わりに敵を生み出す。私たちは自分たちの敵を抹殺するが、そうすることで、友になり得る人を殺してしまっている。私たちは甘い果物が欲しいのに、毒の種をまく。毒の種から甘い果実を収穫することは不可能なのに。

友も敵もどちらも、自分自身の影だ。
私が愛ならば、世界中が友になる。
私が憎しみなら、実在ですら敵になる。

※ガンゴトリ……インド北部、ヒマラヤ山脈中にあるヒンドゥー教巡礼地

## 第三十八話　エゴのやり方

ある友人が、時折私に会いにやって来る。彼に会うといつも、私はソクラテスの格言を思い出す。ソクラテスはさすらいの僧に言った。「友よ、ボロボロで乞食みたいなあなたの服からは、エゴしか見えてこない」

エゴのやり方は、とても巧妙だ。謙虚さに覆われていると、エゴは最も捉えにくい形になる。だが謙虚さは、エゴを覆うどころか露呈させてしまう。まるで身体を覆うというより、それを露出してしまうだけの服のようだ。実際、愛という覆いによって憎しみを消さることはなく、謙虚さという服でエゴむきだしの姿を覆うことはできない。一吹きの小さな風によってさらけだされるまでは、石炭が安全に灰の下に隠されているようなものだ。それと同様に、カーテンが少し引っ張られて全てが露呈してしまうまでは、真実はその人の中に隠されたままだ。このような目に見えない病気は、目に見える病気よりもはるかに危険で致命的だ。だが、自分自身を騙すという人間の技はとても発達し、この技を習性にしてしまうほどに使いこなしている。

何千年もの間、力によって文明をもたらそうと試みるものの、この技以外は何も発展してこなかった。人間は本質を破壊はしなかったが、それを覆うことに成功し、そうすることで文明社会らしきものは、それ自身が慢性化した病気となってしまったのだ。

本質に反しているのに、どうやって文明社会が生まれるというのだろうか？　そこからは文明社会ではなく、非文明社会しか繁栄しないだろう。真の文明社会は、本質が美しく現れているものである。自分を騙しても、人間はどこにもたどり着けない。だが、内なる改革と比べると、自分を騙すことは非常に簡単だ。そして私たちはいつも、楽なほうの選択肢を選ぶという間違いを犯す。だが、楽な選択が最善であるということはない。人生という山の頂点に到達したいにもかかわらず、下り坂を下りていくという安易な道を選ぶとはどういうことだろうか？

自分を騙すことは、非常に簡単だ。他人を騙すと、それが暴かれてしまうかもしれないという恐れがつきまとう。だが自分を騙すだけなら怖くない。他人を騙す人は、この世では罰を受けたり蔑まれたりといった苦しみを味わい、あの世では地獄の厳しい拷問を受けることになる。だが自分を騙す人は、この世では尊敬されるうえに、次には天国へ行けるものだと思っている。これが理由で、人間は自分を騙すのに何の恐れも感じない。そうでなければ、どうしたら文明社会や宗教において偽善が生まれるというのか？

だが、真実とは何かということを隠したり、破壊したりできるだろうか？　人間は自分を騙すのに成功し、他人を騙すのに成功し、最後には実在すらも騙すことに成功するというのか？　その努力の全てが、愚かなことではないだろうか？

自分をありのままに知ることが正しいのだ。なぜなら、本当の自分を受け入れることなく、自分の本当の変化はあり得ない。身体が再び健康になるためには、病気について全て知る必要があるように、精神的な健全さを取り戻すためには、自分の内なる病気について知る必要がある。病気を隠すことは患者の利益にならないが、病気にとっては都合がよい。治療を受けるためには、診断が必須だ。診断から逃げようとする人は、治療を受けることができない。

ある彫刻家が、ラルフ・ワルド・エマーソンの像を彫っていた。毎日、エマーソンは石からできてくる自分の姿やその進行具合を熱心に見守っていた。像ができあがるにつれ、エマーソンはだんだん重苦しい表情になっていった。ある日、ついに像が完成するぞという時ですら、エマーソンは沈みきっているように見えた。どうしてそれほど深刻なのかと彫刻家が尋ねると、エマーソンはこう答えた。「像が私自身に近づいていくほど、それがどんどん不格好で醜くなっていくのに気づいたからだ」

私は、自分の醜さや欲情、そして素の自分を知る力が、自己改革のはしごの一段目だと考える。

自分の醜さを捉えることのできる人だけが、自分に美しさをもたらすことができる。一段目を上ることができなければ、二段目を上ることは不可能だ。そして、自分の醜さを隠し、忘れようと必死になる人は、永遠に醜いままだろう。自分の中の悪、ラーヴァナ（※）を知り、受け入れることが最初の一歩であり、高潔な人物、ラーマになるためには避けられない一歩だ。人生の醜さに気づかないでいると、それは隠されたまま留まり続ける。

まずは、ありのままの自分を知る必要があるだろう。それ以外に方法はない。旅のまさに最初の地点で嘘が入り込む隙を与えてしまうと、最後の地点で真実が見つかることはない。

だが私たちは、その醜さ故にそれを真の自分だとは認めず、想像上の嘘の人格を育て始める。この美しさへの願望自体は問題ないが、それにたどり着く道筋が間違っている。自分の醜さは美しいマスクをかぶっても消えることはないばかりか、美しいマスクのせいで自分自身はますます醜く歪んでいく。そして徐々に自分について分からなくなっていき、嘘のマスクだけを認識し、精通するようになる。一度自分自身の顔を見失ってしまったら、自分を認識することはもはやできなくなる。

ある女性が、銀行にお金を引き出しに行った。窓口の担当が、女性に尋ねた。「あなたがご本人だという証拠はございますか？」

女性は素早くかばんから鏡を取り出し、鏡を見てから言った。「私を信用して。私が本人だから」

真実を探求し、本当の自分の存在を探求するなら、まずは自分のマスクに立ち向かわなければならないだろう。本当の自分の顔を発見しないうちは、自分自身を発見することもできないし、自分を高めることもできない。真実の宮殿は、真実の土台の上に建つ。真実だけが、文明をもたらすことができる。

※ラーヴァナ……インドにおける魔王の一人。叙事詩『ラーマーヤナ』に登場するラークシャサの王。

# 第三十九話　とても変わった取り決め

昨夜、若い女性が私のところにやって来てこう言った。「私は人々に奉仕したいのです」私は女性に言った。「『私』を忘れることができたら、奉仕は向こうからやって来る」エゴ以外に、奉仕へと向かう人生の道に立ちはだかるものがあるだろうか？

エゴは奉仕を求める。実際、エゴは何でも欲しがり、何も与えない。与えることができないのだ。与えるということは、エゴには不可能なのだ。エゴはいつだって何かをせがんでいる。エゴイストが誰よりも惨めで貧しいのは、それ故だ。

王だけが、奉仕することができる。内側に何も持たない人が、何を与えることができるというのか？　与える前に、何かを持っていることが必須だ。

奉仕とは何だろう？　愛そのものが奉仕ではないか？「私」が死んで忘れ去られるこ

とで、意識の中に愛が生まれる。

「私」の死の中に、愛が誕生し、愛が生きる。

「私」を火葬する薪の山から、愛の種が発芽する。

「私」でいっぱいの人は、愛が空っぽだ。「私」は搾取の中心だ。奉仕ですら搾取になってしまう。奉仕の中ですら、同じように「私」が成長し、強くなっていく。人類は、奉仕家のエゴに気づいていないのか？　搾取者のエゴですら、慈悲という覆いに包まれているが、奉仕家の謙虚さほどエゴを大々的に宣言しているものはない。愛は主張せず、奉仕は無言の中にあることを覚えておくのだ。

そしてまた、愛はそれ自身が感謝であり、奉仕はそれ自身が恩恵だ。

私は、とても変わった取り決めの話を思い出した……。


二人の友人同士が、絵画を学びに先生のところへ行くことにした。二人はとても貧しかった。火をおこすための二本の棒すら持っていないほどだった。そこでこんな取り決めをした。まず二人のうち一人がアートを学び、その間もう一人は仕事を見つけて二人分の生活費を稼ぐ。その後、先に学んでいたほうが仕事に就き、もう一人がアートを学び始めるという具合だ。

二人のうち一人が、先生から絵画を学び始めた。何年もの年月が訪れては去って行った。過酷な鍛錬の道だった。時間については問題にならないほど、若者は持てる力を全て注ぎ込み、努力を惜しまず精進した。徐々に、若者は有名になっていった。アートの世界で、彼の人気はうなぎ登りだった。若者の名はアルブレヒト・デューラーといった。

だが、彼の友人であるもう一人の若者の努力は、デューラーよりも困難なものだった。友人は穴を掘り、石を砕いていた。木を伐《き》り、それを運んでいた。徐々に、彼は自分も絵画を学びたかったということを忘れていった。アートを学ぶ番がついにやって来た時、彼の手はあまりにも堅くこわばり、形もいびつになっていたため、絵を描くことはできなくなっていた。

この不運に、最初に学んだ若者は泣き始めたが、彼の友人はとても幸せだった。友人は言った。「絵を描くのが君の手だろうが、私の手だろうが、違いなんてないだろう？　君の手は、私の手でもあるんじゃないのかい？」

最初に学んだ男は偉大な画家になったが、汗と苦しい労働で彼を画家にした友人の名は、誰にも知られていない。だが、この知られざる奉仕こそが、愛の輝ける見本ではないだろうか？　人に知られることなく奉仕を行い、また奉仕をする機会を探している人こそが、祝福されるべきではないか？

知られている人のみならず、知られざる人も創り出している。知られざる愛の手が行った奉仕ほど、大きな努力や愛は存在しない。アルブレヒト・デューラーは、祈りを捧げる友人の手を描いた。このように美しい手を見つけることは、容易だろうか？　この手ほど神聖な手を見つけることはできるだろうか？　この手以外に、祈りを捧げる権利のある手などあるだろうか？　この手ほど、愛を捧げ、祈りを捧げるという幸運に恵まれた手は、ほとんどないだろう。

## 第四十話

# しっかり見開いた目で認識すること

私はある大都市にいた。若者が何人か私を訪ねてやって来た。そして、彼らはこう尋ね始めた。「あなたは神を信じますか?」

私は言った。「いいや。信じることと神との間に何の関係があるというのだ? 私は神を知っているのだ」

それから私は、彼らにこんな話をした……。

ある国で革命が起こった。革命家たちは、国のありとあらゆることを変革するのに大忙しだった。彼らは宗教も破壊しようと決定したことから、ある年老いた僧が捕らえられ、法廷に連れて来られた。僧はこう聞かれた。「お前はなぜ神を信じるのだ?」

僧は答えた。「いいや、皆さん、私は神を信じてはいない。だが、神はそこに存在しているのだから、私にはどうしようもない」

革命家たちは質問した。「神が存在していると、どうして分かるのだ？」

年老いた僧は答えた。「私の目が開いて以来、神以外のものなど見たことがないのです」

年老いた僧の返答は、火に油を注ぐようなものだった。革命家たちは、怒り狂って言った。「直ちに、お前のところの僧と尼僧を全員殺す。そうしたらどうする？」

年老いた僧は笑いながら言った。「神の望む通りに！」

「私たちは宗教を象徴する全てのものを破壊することに決めた。私たちはこの世界にどんな神の証も残さない」

年老いた僧は答えた。「息子よ、あなたはとても難しい役目を担ったようだ。だが、神がお決めになるだろう！　あなたはどうやって神のしるしを全て破壊するというのか？　残っているものはどんなものでも、神の存在を示しているのだ。少なくともあなたはそこに存在する。つまり、あなたが神の存在を示しているということだ。神を排除するのは不可能なのだ。なぜなら、神はどこにでも存在しているのだから」

神が人間と比較されることで、様々な誤解が生じてきた。

神は人ではない。神は神なのだ。神を信じるという考えもまた、多くの誤解を作り出してきた。

光の存在を信じるというのは、どういう意味だ？　光は、目を開けている時だけ見ることができる。

信じるということは、無知だということだ。そして、無知は罪だ。人を真実へと導くのは、盲信でもなく、目隠しされた目でもなく、完全に見開いた目で、ものごとを認識することだ。

真実は神だ。真実以外の神は存在しない。

## 第四十一話

# 真実は内側にある

私は、とにかく根本からの思考の変革を勧める。肉体レベルで起こる表面的な変革に、真の価値などない。ただ単に態度や行動を変えるだけでは、不十分だ。内なる改革がなければ、自分自身を騙しているだけになるからだ。

だが、自分に変革をもたらしたいと願う人ですら、心を変えるのではなく、服を変えることに気を取られ始める。これが、自分を騙す究極のやり方だ。これに必ず気づく必要がある。さもなければ、手放すことですら外側だけのことで終わってしまう。この世は外側に存在するが、手放すことですら外側で起こってしまうと、人生は闇の道へと迷い込んでしまう。

欲望の道が、無知の道だということに疑いはない。だが、手放しもまた外側の現象だとしたら、手放すことですら、無知が撒き散らされた道に私たちを引きずり込むだろう。

実際、無知と暗闇は、意識を自分の外側に集中させた結果だ。そして、外側に向けられた焦点が、この世に対してであれ、サニヤスに対してであれ、違いはない。思考が外側に関心を抱いていれば、それが享楽であれ手放すことであれ、焦点はずれたままだ。

思考が外側から解放されていれば、それは自然に自分へと戻ってくる。

外側が実を結ぶという誤った考えが、この世である。

外側は無益だという認識が、サニヤスである。

私はこんな話を聞いた……。

ある街で、二人の人間が同じ日に死んだ。とても奇妙な偶然だった。一人はヨギーで、もう一人は売春婦だった。二人は同じ日の同じ瞬間にこの世を去った。お互いの家は、道を挟んで向かい合わせだった。二人は同じ時に生き、同じ時に死んだのだった。

この偶然は街のみんなを驚かせたが、ヨギーと売春婦しか知らない、さらに意味深い驚きがあった。二人が死んだ直後、死の使者たちが二人を連れに降りて来た。だが、使者たちは売春婦を天国へ、ヨギーを地獄へ運んだのだ！

ヨギーは言った。「友よ、明らかに、何か間違いが起こっているようだ。売春婦を天国へ運び、私を地獄へ運ぶというのか？　この不当な扱いは何なのだ？　何という目茶苦茶なことなんだ？」

使者たちは答えた。「いや、間違いでも不当な扱いでも目茶苦茶でもない。どうか、下を見てください」

ヨギーは地球の方へ目を向けた。そこでは、彼の身体が花で飾られ、大行列によって運ばれているところだった。何千もの人たちが、太鼓の音に合わせて彼の身体を火葬場へと運んでいた。火葬場では、火葬用のサンダルウッドの薪《まき》の山が用意されていた。道の反対側には、売春婦の死体が横たわっていた。死体を運ぶ人すらおらず、ハゲタカや野犬が死体を引き裂いては食べていた。

これを見て、ヨギーは言った。「地球の人たちのほうが、はるかに公正だ！」

使者たちは答えた。「これは、地球の人たちが外側にあるものしか理解できないからだ。地球の人間は、目に見える身体より深いところへは届かない。だが本当の問題は、肉体ではなく思考なのだ。肉体という外側ではサニヤシンであったとしても、思考はどうだ？お前の思考は、いつも売春婦を愛していたではないか？売春婦の家から聞こえてくる美しい音楽や踊りをとても楽しそうだと感じる気持ちが、常にお前の思考になかったか？そして、自分には人生の喜びがないという思いが、常に思考になかったか？」

「その一方には、売春婦がいた。彼女はいつも、ヨギーの人生がどれほど幸福に満ちたものかと考えていた。夜になると売春婦は、お前が歌う信仰深い歌を聞き、感情に溺れ、涙を流した。一方お前のエゴは、サニヤシンであるということから大きく膨らみ、もう一方で、売春婦は自分の罪による苦しみからますます謙虚になっていった。世間で言うところの知識のせいで、お前はますます手厳しくなっていき、彼女は自分が無知であるということを知っていることにより、ますます寛大になっていったのだ」

「最後にお前に残されたのは、エゴに食い荒らされた人格だった。一方、売春婦はエゴから解放されていた。死が訪れた時、お前の内側はエゴと欲望で満たされていたが、彼女の思考には、どちらも存在していなかった。彼女の思考は、神の光や愛や祈りで満ちていたのだ」

人生の真実が外側の覆いに存在しないとしたら、外側にあるものを変えることが何の役に立つというのだ?

真実はまさに内側に存在する。内側にしかない。

それを発見するには、人格の外側ではなく、その中心で努力する必要がある。その中心を見つけるのだ。もしそれが見つかったら、真実も見つかるだろう。つまり、真実は自分の中に隠れているのだ。

宗教は、外側の変化ではなく、内なる存在の改革だ。

宗教は、外側の演出ではなく、中心での懸命な取り組みのことだ。

宗教は、自分に対する懸命な取り組みのことなのだ。その作業によって、「私」が破壊され、真実に到達する。

# 第四十二話　エゴ——唯一の障害

エゴはハートを石のようにしてしまう。エゴは人生における素晴らしいもの、美しいもの、真実のもの、これら全ての死だ。だからエゴ以外に神への道に障害などない。石のハートの持ち主がどうすれば愛を知ることができるだろう？　愛のないところにどうすれば神が存在できるだろう？　愛のために、私たちは素朴で謙虚な心——素朴で豊かな心を持つ必要がある。エゴが根深ければ、同じ深さだけハートは素朴さと豊かさを失っていく。

宗教とは何か？　誰かがこの問いを私に投げかけたら、私はこう答えよう。「宗教とは、ハートの素朴さと、ハートが感じる力だ」

だが今、宗教の名のもとに現れているのは、非常に捉えにくく、複雑な形をしたエゴだ。そしてエゴは、全ての暴力の根源になっている。

「私が」——というまさにこの感情が、暴力になっている。そして、「私は何々である」

というのは、さらにひどい暴力だ。暴力的な思考は、真の美しさを見出すことができない。なぜなら、暴力は人を荒々しくするからだ。荒々しさは、自分の扉を閉めることを意味する——自分の扉を閉めてしまった人が、どうやって全てと繋がることができるというのだろうか？

ハサンという名の賢者がいた。ハサンは何日間も、食べることなくお腹を空かせていた。彼は村外れに住んでいた。何人かの友人たちが彼を訪ねてやって来た。長い旅路のため、友人たちも疲れ果て、お腹を空かせていた。彼らがハサンのボロボロの家に到着してのんびりしていると、見ず知らずの人が、たくさんの食べ物と果物を持って来て言った。「苦行を行い、かつ手放した人たちのために、このささやかな捧げものを持って来ました」

見知らぬ男が去った後、ハサンは友人たちに言った。「友よ、今夜もまた、何も食べることなく眠りにつかないといけないようだ。苦行を行っているというのに、どうすれば手放していることになるのだろうか？　本当の私自身はどこにいるのだろうか？」

「私は何者でもない」ということを知る人は皆、神を知る。

「私は何者でもない」ということを発見できる人は皆、神を発見できる。

# 第四十三話

# 無知は主張し、知識は沈黙する

この出来事は、真昼に起こった。何人かの人たちが私のところにやって来て、こう言った。「神は存在しないし、宗教は全て偽善だ」

この言葉を聞き、私は笑い出した。すると彼らは尋ねた。「なぜ笑うんだ？」

私は言った。「なぜなら、無知は主張し、知識は沈黙するからだ。神が存在するか否かを語ることほど、簡単なことがあるか？　人間のわずかな知識から出たこんな判断なんて、全て一笑に付すほどの価値しかないのではないか？」

自分の知識の限界を知る人は、このような断定的な発言をすることなく、逆に何も発言することができないと感じる。そしてこのような人が、自分の限界を超える不思議な瞬間を体験する。このような瞬間に、人は自分を知り、真実をも知る。なぜなら、真実は自分の中に存在し、自分は真実の中に存在するからだ。水一滴は海の中に、そして海は水一滴の中に発見されるのではないか？　水一滴が自分を知らずに、海を知ろうとすることが妥当だろうか？　水一滴が海を見つけることができなければ、海は存在しないと言えるだろうか？　水一滴が自分を知ることができれば、海を知ることもできる。

神について考えることは、意味がない。私はあなたに尋ねたい。「あなたは、自分自身を知っているのか？　自分を知らない人に、神が存在するか否かについて、決める資格があるのか？」

「あなたは自分自身を知っているのか？」この質問を聞いて、私の友人たちはお互いの顔を見合わせた。あなたもこの質問を聞いて、誰かと顔を見合わせてはいないだろうか？自分を知ることがなければ、人生の意義も、人生への理解もないことを覚えておくのだ。何千年もの昔ギリシャで交わされた会話を、私は友人たちに話した……。

誰かが、年老いた聖者に尋ねた。「世界中の全てのものの中で、最も大きいものは何だ？」

聖者は答えた。「空だ。なぜなら、存在するもの全てが空の中に存在し、空自体は何の中にも存在しないからだ」

その人は質問を続けた。「では、最高のものは何だ？」

聖者は答えた。「神の愛だ。なぜなら、全ては神の愛のために犠牲にできるが、神の愛は何のためにも犠牲にできないからだ」

その人は尋ねた。「最も移り変わりやすいものは?」

「思考だ」聖者が答えた。

その人はまた尋ねた。「最も簡単に与えることができるものは何だ?」

聖者は答えた。「助言だ」

「では、最も難しいものは?」

「自分に関する知識だ」聖者は答えた。

明らかに、自分を知ることが、最も難しいことのようだ。なぜなら自分を知るには、他の全てを手放す必要があるからだ。自分の知識は、まず他の全ての知識を諦めることなしに、得られることはないのだ。

無知は、自分を知る妨げとなる。

知識は、自分を知る妨げとなる。

だが、知識や無知が存在しない状態がある。この時、自分の知識が現れる。

私はこの状態をサマディ、瞑想と呼ぶ。

## 第四十四話

# 死のプロセスを通してたどり着く人生の扉

宗教について、私は何を話すべきだろうか？　宗教は、死のプロセスを通してたどり着く人生の扉だ。

ある晩、私はボートに乗っていた。ボートは大きく、多くの友人たちが一緒だった。私は、彼らに尋ねた。「この川の流れは速いが、どこに向かって流れているのだろうか？」

友人のうち一人が答えた。「海へと向かって」

確かに、全ての川は海へと向かっている。だが、海に流れるということは、川は死に向かって流れているということではないか？　全ての川は、最終的に海に飲み込まれてしまう。おそらくこれが理由で、池は海へと向かわないのだろう。どこの賢い人が、自分自身の死へと近づきたがるというのか？　そして、まさにこれが理由で、いわゆる賢い人は、宗教に近寄らないのだ。川にとっての海であるところが、人間にとっての宗教だ。宗教は、実在の中に自分を完全に失うことを意味する。そしてこれが、エゴにとっての完全な死を意味する。これを避けようとする人たちはエゴの溜まり場になり、神という海と同化するのを避けようとする。海と同化すると、自分の消失という結果が避けられないのだ。だが、同化による死は、実際の死ではない。なぜなら、海と同化することで得られる人生と比べると、今の私たちの人生自体が、死のようなものだ。私自身、この死を経験しているから言うのだ。

新たな人生を始めるために、偽りの人生で一度死ぬ必要がある。

全体の中に落ち着くために、原子は消える必要がある。

一方で死を意味することが、もう一方では生命になる。

エゴの死は、魂の誕生だ。これは消失ではなく、真に存在することだ。この真実を理解できない人は、人生が奪われた状態が続く。

湖は、川にとっての生命ではなく、死を意味する。湖になることが、川にとってある種の保証を意味するように思えたとしても。海は、川にとって死を意味しない。海は、川の生命なのだ。海が川を飲み込んでしまったように思えたとしても。

ある日、ラーダはクリシュナに尋ねた。「主よ、その笛はいつもあなたの唇にある。私は、その笛に強い嫉妬を感じる。その竹の笛は、あなたの甘い唇にある蜜のような感触をいつも味わっていて、私は嫉妬で狂いそうだ。なぜ、その笛はそれほどまでにあなたに近い存在なのか？　どうしてその笛は、あなたにとってそんなに大切なのか？　私は、クリシュナの笛になりたいといつも思っている。来世では、私はあなたの唇の上に載る笛になりたい」

これを聞き、クリシュナは大いに笑ってから言った。「愛する者よ、笛になるのは、とても難しいことだ。それより難しいことなんておそらくないだろう。自分自身を完全に消し去った者だけが、笛になることができる。この笛は、単なる竹のかけらではないのだ。実のところ、愛する人の心なのだ。笛は、笛自身の音を持たない。愛する人の音を自分の音楽にするのだ。私が歌えば、笛が歌う。私が黙れば、笛が黙る。これが理由で、私の人生が笛自身の人生になる」

二人の横を通りすがった時に、私は何気なくラーダとクリシュナのこの会話を耳にした。音楽の神秘が、笛の存在の神秘の中に示されている。エゴを消失させると、そこには自分を見出す鍵がある。

宗教とは何か？　宗教とは、死を通してたどり着く人生のドアだ。

# 第四十五話

# 宗教は人生の息づかいの中に生きる

宗教が哲学的思想の中に見つかるかどうかというのは、考える価値もない。宗教は、あなたの人生そのものになって初めて意味を持ち始める。思想の中では、宗教は意味を持たないのだ。

宗教の多くは、思想の中に存在する。だが、宗教はあなたを高めてくれるだろうか？宗教はあなたを溺れさせてしまうだけだ。そもそも、思想で作られたボートで、海の旅路へと出航する人がいるのか？　だが人々は、思想で作られたボートに乗り、真実の海へと旅立って行くのだ！　そして海岸からほどない距離で溺れたとしてもなんの不思議もない。紙で作られたボートのほうが、思想で作られたボートよりもはるかに遠くまであなたを運んでくれるだろう。紙のボートのほうがいくぶん現実的だ。思想は、まるで夢のようだ。思想は、信頼に値しない。

宗教が、思想の中にだけ見つかるのなら、これほど不確かなものはない。

宗教が、経典の中にだけ生きているのなら、宗教は死んでいる。

宗教が、言葉の中にだけ生きているのなら、宗教は活動停止状態である。

宗教が宗派の中でしか生きていないのなら、それは宗教ではない。人生の中でこそ、宗教が生きてくる。そして、真実のあるところに力があり、活動がある。活動があるところに人生がある。


ある囚人が死んだ。多くの人たちが、彼の死体の周りに集まっていた。だが、彼らは泣いていなかった。みんな笑っていたのだ。これを見て、私は人だかりのところで立ち止まった。囚人は、刑務所でいくつかの刑期を務めていた。この囚人はあらゆる罪を犯していた。彼の人生の大部分は、刑務所で費やされていた。だが、男はとても信仰深い思想の持主だった。宗教を守るため、少なくとも彼は大きな杖をいつも手に握りしめ、口汚く罵っていない時には、誇らしげに「ラマ、ラマ」と唱えていた。彼はよくこう言っていた。「名誉を汚されるより、死を選ぶ」これが、彼の人生の指針だった。この言葉を紙に書き、宗教上の決め事に沿って、お守りに入れて腕にくくりつけていた。これに満足せず、ついに刑務所から釈放された時には、自分の両腕にこの言葉を入れ墨した。「ラマ、ラマ」という言葉も、男の身体の何ヵ所かに入れ墨されていた。

男の死体は、朝日の下で横たえられていた。彼の腕は本人の人生哲学を語っていたが、彼の人生の真実は、実際の生き方によってはっきり示されていた。その時、周辺にいる人たちが、なぜ泣かずに笑っているのか私は理解したのだ。

人が、宗教の名の下に見出す自分の状態は、まさにこれと同じではないか？

この状態を泣くのが正しいのか、笑うのが正しいのか、私はあなたたちに尋ねたい。

# 第四十六話　人生とは何か？

人生とは何か？

人生とは、神聖なる火の儀式だ。だが、真実という目的のために、自分を捧げられる人のためだけの。

人生とは何か？

貴重な機会だ。だが、勇気を奮い起こし、決断力を持ち、努力を惜しまない人のためだけの。

人生とは何か？

挑戦を伴う祝福だ。だが、それを受け入れ、立ち向かう人のためだけの。

人生とは何か？

大いなる奮闘だ。だが、全ての力を集め、勝利のために戦う人のためだけの。

人生とは何か？

大いなる目覚めだ。だが、眠りや無意識と戦う人のためだけの。

人生とは何か？

神聖な歌だ。だが、自分自身が神の楽器になった人のためだけの。

さもなければ、人生はゆっくりとだらだら続く死でしかない。

人生は自らが創る通りになる。人生は与えられるのではなく、勝ち取るものである。

人生は自分自身による絶え間ない自分の創造である。人生は運命ではなく、創造なのだ。


非常に長くて退屈な弁論の後、弁護士が怒りながら裁判官に言った。「裁判官、陪審員が寝ているではないか！」

裁判官は答えた。「学びを深めた友よ、陪審員を眠らせたのは、まさに君だ。どうか、陪審員が起きていられるように、答弁を進めてくれたまえ。私自身、なんとか眠らずに済んだことが、幾度かあった」


人生が眠っているような経験だとしたら、私たち自身が自分の人生を眠らせているということを理解する必要がある。人生が苦痛な経験だとしたら、私たち自身が人生を苦痛なものにしているということを理解する必要がある。人生は、自分自身のこだまだ。人生は、自分自身の写し鏡だ。

# 第四十七話　思考《マインド》からの解放

それは、雨季のある暗い夜だった。雲で覆われた空に雷鳴が轟き、稲妻が走っていた。一人の若者が稲妻の光を頼りに、行く手を探っていた。ついに、彼はある小屋のドアにたどり着いた。そこは年老いた一人の賢者が一生涯を過ごしている場所だった。

年老いた男は、その小屋を離れてどこかへ行くことは一度もなかったが、誰かに世界を見たことがあるかと尋ねられると、彼はこう答えた。「私は世界を見たことがある。私は世界をとてもよく知っている。世界は自分の中に存在しているのではないのか？」

私はこの年老いた男を知っている。彼は私の中に存在している。確かに、彼は自分の家を離れたことがない。彼は今そこにいて、これまでもずっとそこにいた。私はこの若者も知っている。なぜなら、私はこの若者でもあるからだ。

若者はしばらくの間、小屋の前の階段に立っていた。それから恐る恐る、ドアをゆっくりノックした。中から声が聞こえた。「そこにいるのは誰だ？　何を探しているのだ？」若者は答えた。「私は自分が誰なのか分からない。だが、何年もの間、私は幸せを探し求めてさまよってきた。そうやって探す中、あなたの小屋のドアにたどり着いた」

中から笑い声が聞こえ、その声は言った。「自分自身を知らない人が、どうやって幸せを見つけられるというのだ？　そうやって探そうとしても、ランプの下に暗闇が見えることはない。それでも、自分自身を知らないということを知っている君は、十分に知っていると言える。ドアを開けてやろう。だが覚えておくのだ、誰か別の人のドアが開いたとしたら、それは君のドアではないということを」

ドアが開いた。稲妻の光で、若者は目の前に僧が立っているのを見た。このような美しい存在を見たことがなかった。僧は完全に裸だった。実際、美しいものはいつだって裸なのだ。服は醜さを隠すためにある。若者は年老いた男の足元にひれ伏した。若者は頭を年老いた男の足の上に乗せ、尋ねた。「幸せとは何なのですか？　幸せとは何なのですか？」

これを聞き、年老いた男は再び笑い出して言った。「親愛なる者よ、幸せは自立の中に存在する。君が独り立ちした途端、幸せが溢れ出す。私の足のことは、忘れるのだ。他の誰の足のことも、忘れるのだ。君は、他人に頼って幸せを探そうとしている。これは馬鹿げたことだ。君は外側を探している。これは愚かなことだ。実際、君が幸せを探していること自体が、愚かなことだ。外側に存在しているものは、探し求めることができるが、どうすれば自分の内側に存在するものを探し求めることができるというのだ？　探すのを諦めて、目を向け直すのだ。幸せはいつも自分の中に存在するのだ」

それから年老いた男は、かばんから二つの果物を取り出して言った。

「君に、この二つの果物をやろう。この果物には、ものすごい魔法の力がある。もし一つ目の果物を食べたら、君は幸せが何なのかを理解する。もし二つ目の果物を食べたら、君は幸せになる。だが、二つのうち一つしか食べることができない。なぜなら、片一方を食べると、もう一つは消えてしまうからだ。そして覚えておくのだ。もし二つ目の果物を食べたら、幸せが何であるかを理解することはないだろう。さあ、君が選ぶのだ。どちらを選ぶのか、私に言いたまえ」

若者は少しためらってから、言った。「私はまず、幸せが何であるかを知りたい。なぜなら、それを知ることなしに、どうやって幸せを見つけられるというのだ？」

年老いた賢者は、笑い出して言った。「なぜ君の探求が、これほど長くかかったのかが分かったよ。こんな風に進んでいたら、幸せが見つかることはないだろう――何年も見つからないのではなく、何回生まれ変わっても見つからない。幸せが何かという知識を探すことは、幸せを手に入れることとは別なのだ。幸せについての知識と、幸せを経験することとは、正反対だ。幸せについての知識は、幸せとは違う。それどころか、苦痛であり惨めである。自分は幸せではないが、幸せについて知っているということは、まさに惨めそのものだ。こんな簡単な理由で、人間は植物、動物、鳥よりも、惨めになってしまう。だが、無知もまた幸せではない。無知は、惨めさに気づいていない状態だ。知識と無知の両方を超えて行った先に、幸せが見つかる。無知は、惨めさに気づいていないことだ。知識は、惨めさに気づいていることだ。幸せは、知識と無知のどちらからも解放された状態なのだ」

「知識や無知を超えて行った結果、思考自身から解放される――そして、思考から解放されたとたん、人は自分へと戻る。自分に根差した状態が幸せであり、至福の喜びだ。それが自由であり、神性なのだ」

## 第四十八話

# 服で騙すことができる

ある友人が、伝統的なサニヤシンになった。サニヤシンになって以来、私に会いに来るのは今日が初めてだ。サフラン色の服に身を包んだ友人を見て、私は言った。「私は君が本当にサニヤシンになったのだと思っていた——だが、これは何だ？　なぜ自分の服の色を変えたのだ？」

友人は、私が何も知らないのかと微笑み、言った。「サニヤシンには、独自のドレスコードがあるのだ」

これを聞き、私は真剣に考え始めた。すると、友人が尋ねた。「何を考えることがあるのか？」

私は言った。「これは、よく考えるべきことだ。なぜなら、サニヤシンは特別なドレスコードを持つべきではない。もし、ドレスコードがあるとしたら、その人はサニヤシンではない」

　おそらく友人は、私の言ったことが分からなかったのだろう。なぜなら、彼はこう私に尋ねたからだ。「どちらにしろ、サニヤシンであっても何かを着なければならない――それとも、サニヤシンに裸で歩き回れとでも言うのか？」

　私は答えた。「服を着ることを禁止するというわけでもなく、服を着るべきではないという条件があるわけでもない。問題なのは、何か特定の服を着るように要求することや、何も着ないように要求することだ。友よ、このドレスコードは服に関することではなく、固執に関することだ」

　友人は言った。「だが特別な服を着ることで、自分がサニヤシンだということを思い出させてくれる」

　次は私が笑う番だ。私は言った。「自分が何であるかは、思い出す必要がないことだ。自分は何者でもないということが、思い出されるべきなのだ。着ている服によってだけ思い出すことができる精神性など、そもそも精神性などではない。服はとても表面的で浅い。皮膚ですら、大して深くない。肉や骨も、それほど深くはない――思考すら深くないのだ。魂以外に、精神性の住み処になるほど深いものは存在しない。そして覚えておくのだ、表面に焦点を合わせている人が、内側を経験することはない。服に注意を向けている人が魂への気づきがないのは——これが理由だ。思考以外に、外側の衣服に意識を向けるものなんてあるだろうか？　服から解放される人こそが、サニヤシンだ」
それから私は、友人にある話を聞かせた……。

ある物真似師が王の宮殿へ行き、こう言った。「私は寄付として五ルピーが欲しい」王は言った。「実演した者に対して褒美はやれるが、寄付はしない」
物真似師は、微笑んでから去って行った。だが去り際にこう言ったのだ。「王よ、寄付を授かった場合だけ、私は褒美を受け入れよう。どうか、このことを覚えておいてください」

こんな出来事が起こってから、数日が経ったころ、素晴らしいサニヤシンがやって来たという知らせが、電流のように首都中を流れた。街外れで、若いサニヤシンが、深い瞑想に入っていたのだ。彼は話すこともなく、目を開くこともなく、動くこともなかった。噂のサニヤシンを見ようと多くの人たちが集まった。人の群れはどんどん大きくなっていった。花、新鮮な果物、ドライフルーツ、菓子など様々なものが彼の横に積み上げられたが、若いサニヤシンは深い瞑想状態だったため、それらに気づくこともなかった。
それから一日が過ぎ、また一日が過ぎ、ますます人が集まってきた。三日目の朝、王自らがサニヤシンを見にやって来た。王は十万の金貨をサニヤシンの足元に置き、神の恵みを祈った。だが、サニヤシンは岩のように動かなかった。彼を誘惑し、動かすものなど何もなかった。王ですらできなかったのだ。王が宮殿に戻る中、人々はずっと「いいぞ、いいぞ！」と、サニヤシンに向かって叫んでいた。

だが四日目になり、人々はこの聖者が夜の間に消えてしまったことに気がついた。そして同じ日、物真似師が宮殿の中庭に現れ王に言った。「王よ、十万の金貨を私に寄付したのだから、どうか褒美の五ルピーを私に与えたまえ」

王はとても驚いて男に言った。「愚か者よ、なぜ十万の金貨を無視したのだ？ そして今、お前は五ルピーをもらいたいと言うのか！」

物真似師は答えた。「王よ、あなたは寄付を私にくれないと言うのだから、どうすればまた寄付を受け取ることができるというのですか？ 自分の仕事分の褒美をもらうことで、十分ではないでしょうか？ それに、私がサニヤシンになっている時は、偽のサニヤシンであろうともサニヤシンには変わりがありませんから、私はサニヤスの威厳を保たなくてはならなかったのです」

この話についてよく考えてみると、いくつかの点に気づかされる。物真似師は、サニヤシンになることができる。なぜか？――なぜなら、いわゆるサニヤシンの服と言われるものに、物真似師が隠れる余裕があるからだ。衣服が特別な意味を持つとき、物真似師が入り込む隙ができる。

この物真似師は実際、聖人のような気質を持っていたため、十万の金貨を与えられたにもかかわらず、五ルピーしか受け取らなかった。だが、全ての物真似師が聖人のようだとは期待しないほうがいいだろう。王はこの物真似師の服に騙されたのだ。

ドレスコードは人を騙すことができるため、詐欺師やペテン師はドレスコードをとても重要なものとして扱う。そして、他人を騙すことに成功すると、その成功が自分自身を騙す確固とした基礎になる。

「サティヤメーヴァ・ジャヤテー」という言葉がある。「真実のみが勝利する」という意味だ。これはとても危険な基準だ。なぜなら、勝利する人は誰でも本物であるという考えを人々が持つからだ。もし、「真実が成功する」というならば、思考が、「成功する人は誰でも真実だ」という結論に達するのに、それほど時間はかからないだろう。

物真似できる精神性は、真の精神性ではない――なぜなら、物真似師が真似るのに、こんな都合のいいことはないからだ。物真似師がサニヤシンになれるとしたら、サニヤシンもまた、物真似師である可能性がある。

実のところ、サニヤシンにはドレスコードは存在しない。ドレスコードというのは、物真似師のために存在するものだ。サニヤシンにドレスコードがないとしたら、その威厳を守るという問題自体起こらない。このような懸念は、サニヤシンではなく物真似師に属している。そして、自分が単なる物真似上手なだけだと知っている物真似師が、こうした懸念を抱えているのだ。

外側にある衣服を基準にして、自分自身をサニヤシンだと考える人は、自分をラーマだと思い始めた、ラーマーヤナ劇のラーマに過ぎない。

私はそんなラーマを知っている。ラーマを演じた後、彼は役を脱ぎ捨てることができずにいるのだ。「彼は気が狂ってしまった」と人々は言う。

物真似師はサニヤシンのような服装をすることができるが、自分が本当にサニヤシンだと信じ始めた時点で、もはや物真似師ではなく、正気を失ってしまっているのだ。

# 第四十九話　王のごとく幸せに

ある王が、不安な思いにどっぷりつかっていた。不安が人を溺れさせる時、それは徹底的に行われる——なぜなら、一つの不安が入り口を見つけると、他の不安も同じ道を使って入り込んでくるからだ。一つの不安が入ってくるのを許してしまうと、無意識に他の多くの不安への扉を開いてしまう。だから、不安はいつも大群になって押し寄せて来るのだ！　たった一つの不安を抱えるということは、誰にも起こらない。

多くの王がしばしば不安に飲み込まれてしまうことは、驚くべきことのように思われる。——本当は、全ての不安から解放された唯一の存在が、王のはずだ。不安の奴隷になってしまうと、その力が絶大なため、王の全権力をもってしても不安を取り除くことはできない。おそらくこれが理由で、王国の力もまた不安の働きによって衰退していくのだろう。

王になることでもたらされる権力や独立を求めて、人は王になりたがる。だが結局、王ほど無力で、依存的で、失敗に終わっている人など他にいないことが王になってみると分かる。なぜなら、他者を奴隷にしたがる人は、最終的には自分自身の奴隷になってしまうからだ。自分自身が縛り付けるものは全て、結局自分自身を縛り付けることになる。依存しないためには、誰かの奴隷にならずに自由でいるということに加え、誰かを奴隷にするという考えからも解放されることが必須である。

この王も、同じように自分自身が奴隷と化していた。天国を征服しようと乗り出したものの、全ての勝利を勝ち取った後、王は地獄の王座に座っていることに気づき始めた。エゴを通して勝ち取ったものは全て、最終的には地獄になる——そして、天国にはエゴが存在しないため、エゴによって天国を得ることはない。この王だが、自分で勝ち取った地獄から自由になりたいと願っていたのだ。天国に到達するのは難しく、それを失うのは容易だ。その反面、地獄に到達するのは容易で、そこから逃れるのは難しい。

王は、不安の火から解放されたかった。不安から解放されたくない人なんているのだろうか？　誰が地獄の王座に座り続けたいと願うだろうか？　だが、王座に座りたいと願う人はみんな、地獄の王座に座ることになる。天国には、王座がないことを覚えておくのだ。ただ、地獄の王座が、遠目には天国の王座のように見えるだけだ。

日夜絶えず、眠っていようが起きていようが、王は不安と戦っていた。だが、人は一つの手で不安を取り除く傍ら、何千もの手でさらなる不安を呼び込む。王は不安から自由になりたいと願う一方で、偉大な統治者になりたいとも願っていた。おそらく、世界中を統治することで、全ての不安を取り除くことができると考えていたのだろう。人間の愚かさは、このような結論に達する。こんな風にして王は、毎日、新たに統治する土地を探していた。朝に統治していた自国の国境が、日が沈む夕方に同じ場所にあるわけにはいかなかった。王は銀の夢を見て、金の息を吸い込んでいた。人生において、このような夢やこのような息は、非常に危険だ。なぜなら、銀の夢は呼吸の鎖になり、金の呼吸は魂に毒を注ぐ。野心というワインの泥酔状態は、死によってのみ終わる。

王の人生の全盛期は、すでに過ぎ去っていた。人生の終盤に差し掛かっていたのだ。死がちらつき始めていた。

日々、王の強さは失われ、不安は増していった。王の人生は、混乱の中にあった。若き日に蒔いた種は、年老いてから刈り入れて収穫することになる。有毒な種は、蒔いた時には問題は起こらず、収穫の時が来て初めて厄介なことになる。種にそうした苦悩があると分かる人は、その種を蒔かない。一度蒔かれた種を取り除くことはできないのだ。その種は収穫されることになり、そこから逃げる術はない。

王は、自分が蒔いた種の収穫物のど真ん中に立っていたのだ。そこから逃れるため、自ら命を絶つことも考えた。だが、王であることの欲、将来、世界の統治者になれるかもしれないという希望が、自ら命を絶つことをも許さなかった。王は自分の人生を見失ってしまうかもしれなかったが――実際はすでに見失っていたが――王であることを手放すことは、すでに本人の力が及ばない領域にあった。この欲望は、王の人生そのものだった。だが、このような欲望だけが――この欲望が人生そのもののように見えるのだが――人生を破壊することができる。

ある日、不安から逃れようと、王は緑溢れる山麓の丘に出かけて行った。だが、不安から逃げることは、自分の火葬用の薪から逃げることよりも難しかった。自分の火葬用の薪から逃げることができたとしても、不安から逃げることはできない。なぜなら、火葬用の薪は外側に存在するが、不安は内側に存在する。内側にあるものは、常に自分と一緒だ。どこにいようとも、自分と一緒にいる。根本から自己が変わらない限り、不安から逃れることはできない。

王は、森の中を馬で走っていた。突然笛の音が聞こえ、その音の何かが王を引き留めた。そして王は音楽の方へと馬を向けた。

丘の滝の近くにある木影の下で、若い羊飼いが笛を吹いて踊っていた。彼の羊たちは、近くで休んでいた。王は言った。「まるで王国を見つけたように、お前は幸せそうに見える」

若者は答えた。「私は、実在が自分に王国を授けないようにと祈っている。今この瞬間、私は王だが、王国を手に入れたなら王であり続けることはできない」

王は驚いて尋ねた。「お前の持っているもので、お前を王にしているのは何だ？」

若者は答えた。「人が王になるためには、富ではなく自立が必要だ。私には、自分以外に持っているものなどない。私は私自身を持っているし、これよりも大きな富は存在しない。王が持っていて私が持っていないものなど、考えもつかない。私は美を見るための目を持っている。私は愛するための心を持っている。私は祈りに入る力を持っている。太陽が私に与える光は、王に与えられる光に何ら劣ることはない。月が私に浴びせる光は、王に浴びせる光に何ら劣ることはない。美しい花々は、王に咲くのと同じように、私にも咲いてくれる。王は必要な分だけ食べ、身体には服をまとっている。私も同じだ。

では、王が持っているもので私が持っていないものとは何だ？　おそらく、統治者の不安だろう――だが、神はこの不安から私を救ってくれている！　火葬用の薪の山は、不安よりもましだ。一方で、王は持っていないが、私が持っているものが、他にもたくさんある。自立、魂、幸福、踊り、音楽だ。私は、自分自身に満足している。だから私は王なのだ」

王は、若者の考えを聞いてから言った。「親愛なる青年よ、お前が言ったことは正しい。行って、村の皆に伝えるのだ。王もまた、同じことを言っていると」

# 第五十話　求められていない意見

ある朝、何人かの人が訪ねて来た時、私はちょうど起きたところだった。

彼らは言った。「あなたを厳しく批判している人たちがいる。一人はあなたを無神論者だと言い、別の人はあなたに信仰心がないと言っている。どうしてあなたは、これらの馬鹿げた発言のどれにも反論しないのか？」

私は答えた。「ばかげたことには、どれにも答える必要がない。反論する価値があると認めることで、物事を重要なものにしてしまうのではないか？」

これを聞き、訪ねて来た人のうち一人が言った。「だが、誤ったことを世界中に広めるのは間違っている」

私は答えた。「君は正しい。だが批判したり、噂話に興じたりする人たちを止めることはできない。このような人たちは、なんでもでっち上げるし、常に新しいやり方を見つけ出す。これにまつわる話を、あなたたちに聞かせよう」

彼らに聞かせた話を、あなたにも繰り返そう……。

それは満月の夜だった。地球全体に輝く月光が降り注いでいた。シャンカルとパールヴァティーは、彼らの愛する雄牛、ナンディに乗り、散歩に出かけた。だが、数歩進むか進まないかのところで、何人かの人たちに出くわした。二人がナンディの背に乗っているのを見て、彼らは言った。「恥知らずな二人組を見ろ！　哀れな牛の背に、二人も乗っているではないか――まるで牛が生き物でないかのような扱いだ」

これを聞き、パールヴァティーは、牛の背から降りて歩き始めた。

だが、少し進んだところで、また別の人たちに出くわして、こう言われた。「おや、まあなんとおかしなことだ！　牛の背に乗っているこの男は誰だ――華奢な女性を歩かせているなんて？　恥知らずにも限度がある」これを聞き、シャンカルは馬から降り、パールヴァティーをナンディの背に乗せた。

また別の人たちに出くわした時、二人はまだ数歩しか進んでいなかった。「なんと恥知らずな女だ！　夫を歩かせて、自分は牛の背に座っているとは！　友よ、世界の終わり、カリユガが始まったぞ」

これを聞き、二人はナンディの横に並んで歩き始めた。

二人が数歩進んだところで、また別の人たちが言いだした。「この間抜けを見ろ！　こんなに強い雄牛を連れているのに、二人とも歩いているではないか」

そこで、二人は困り果ててしまった。シャンカルとパールヴァティーには、他に残された道がなかった。それまでナンディは黙っていたが、ついに笑い出して言った。「解決策を教えようか？　二人はナンディと一緒に木の下で立ち止まり、問題を解決しようとした。それまでナンディは黙っていたが、ついに笑い出して言った。

私を二人の頭の上に乗せるのだ！」

これを聞くや否や、シャンカルとパールヴァティーは我に返り、再びナンディの背に乗った。それでも、通りすがりの人たちは、様々なことを言った。実際、通りすがりの人たちが何も言わないことなんてあるだろうか？　だが、シャンカルとパールヴァティーは、月光の中散歩を楽しみ、通りすがりの人たちのことは気にも留めなかった。


人生でどこかにたどり着きたいのなら、その道のりで出会う人たち全員の言葉に耳を傾けることは、自殺行為である。

実際、価値のある意見を持っている人というのは、求められない限りはそれを口に出すことは決してない。

また、自分自身の洞察や知恵に従って行動しない人の動きは、風の力で揺れ動く、枯れた葉の動きのようになることを覚えておくのだ。

# 第五十一話

# 生と死は切り離されてはいない

ある男が孔子のところに行き、こう言った。「私はとても疲れました。今は休息が欲しいのです。どうしたらいいでしょうか？」

孔子は言った。「人生と休息は、二つの相反する言葉だ。もし、生きていたいなら、休息を求めるな。休息は死だ」

不安で額にしわを寄せながら、男は尋ねた。「それでは、私は決して休息を得るべきではないのでしょうか？」

孔子は答えた。「休息を得ることはできる。間違いなく」そして目の前にある墓を指さしながら言った。「これらの墓を見るのだ。ここに平穏がある。ここに休息がある」

私は、孔子の意見に賛成ではない。生と死は切り離されてはいない。この二つは、実在の動く呼吸のようなものだ。人生がただ単に行動というわけでもなければ、死がただ単に休息というわけでもない。実際、生きている間に休息を得ることができない人は、死んでからも平穏を手に入れることができない。日中、全く休息することができなければ、夜の眠りでも休息できないのではないだろうか？　人生にずっと休息がなかったとしたら、そのこだまが、死んだ後あなたを苦しめないだろうか？　死は、あなたが進んできた人生と同じパターンで進む。死は、人生の反対ではない。死は、人生を補完するものだ。

生きていながらも死んだのと同じようになってしまうため、生きている間に怠惰になるべきではないというのは正しい。だが、人生全てが行動だけになってしまうのは正しくない。これもまた、人生とは言えない。愚かなことだ――愚かにも、機械化してしまっている。

人生は、中心は静かで、外周で行動が起こるときにだけ、完璧な多くの実りを得るだろう。外側で行動が起こり、内側が平穏であること。外側で動きがあり、内側が穏やかであることが必要だ。

完成された人間は、平穏な魂に溢れるほどの行動が加わった時にのみ誕生する。このような人物の人生は穏やかであり、その人の死は究極の解放になるだろう。

# 第五十二話　聖職者とスードラ

私はある会合に行った。それはカースト制度の最下層民、スードラの会合だった。スードラの概念そのものが、私の心を涙で満たした。会合に到着した時、私はとても悲しく、沈んだ気持ちだった。人間は、人間に何をしたのか？　人と人との間に、乗り越えることができない壁を作った人たちが、宗教的だと呼ばれているのだ！　これよりも破壊的なことが、宗教にできただろうか？　もしこれが宗教というなら、無宗教とはなんだ？　無宗教のアジトが宗教の垂れ幕を盗み、悪魔の経典が神の経典になってしまったかのようだ。

真の宗教は、分離ではなくワンネスである。真の宗教は二元性ではなく、非二元性だ。壁を作ることで見つかるものではなく、壁を取り壊すことで見つかるものだ。だが、いわゆる宗教は分離を生み、壁を作ってきた。宗教は、人間を分離させ分割させるためにその力を使ってきた。もしや、これは理由もなく行われてきたのだろうか？　実際、人間同士を分割することなしに、組織や搾取は存在できない。もし、人間が一つの存在で平等なら、搾取という土台そのものが崩壊する。なぜなら、搾取が発生するには、不平等、宗派、カースト制度が必要不可欠になるからだ。まさにこれが理由で、あらゆる形の宗教は、不平等、宗派、カーストを支持してきた。宗派やカーストのない社会は、自動的に搾取を不可能にする。全ての人が平等であることを受け入れることが、搾取を捨て去ることになるのだ。

人間同士を分け隔てるということがなくなったら、組織や宗教宗派は存在することができなくなる。分け隔てることで恐れ、妬み、嫌悪を生み出し、最終的に憎悪を生み出す。憎悪は組織を生み出す。組織は友好からではなく、憎悪から生まれる。愛ではなく憎しみが組織の土台になっている。

組織は、憎悪への恐れから結成されている。組織の影響力が強くなると、力による搾取や権力への欲望を満たすことが容易になる。そして、組織の力が拡大すると、支配欲へと発展する。

このようにして、密かに宗教が政治へと姿を変える。宗教が前面に出て、政治が後ろに続く。宗教は結局、単なる隠れ蓑になり、政治が隠れた原動力になる。実際、組織や宗派があるところに、決して宗教は存在しない。政治がそこにあるだけだ。宗教は、瞑想を通して探求される。組織を通してではない。様々な宗教団体の名の下、様々な政治が活動し続けているのだ。確かに、組織がないところに「宗教」は存在し得るが、それは、崇拝者や聖職者などがいない宗教だ。

神は、専門的職業になってしまった。利害関係が、神と結びつけられたのだ。これほど節度がなく反宗教的なことなどあるだろうか？　だが、プロパガンダの力は限りなく、絶え間ないプロパガンダにより、完全な嘘も真実になってしまう。崇拝者や聖職者が――搾取というビジネスに携わっている本人たちだが――搾取のシステムの支持者になっていることに何の不思議があろうか？

宗教が、社会的搾取システムにおける強力な柱の役割を果たしている。架空の教義の網を張り巡らせ、搾取者を信仰深い人たちに見せ、搾取される側の人たちを罪深く見せているのだ。搾取される側の人たちは、過去世での悪行の結果、現世で苦しんでいると教えられる。事実、宗教は多くのアヘンで人々を麻痺させている。

年老いたスードラが、会合の最後に私に尋ねた。「私は、寺院に行ってもいいだろうか？」

私は言った。「寺院に？　だが、何のためにだ？　神自身、聖職者のものであるような寺院になど行ったことはないのに」

神は、実在以外の寺院を持たない。どんな寺院やモスクも全て、聖職者が考えついたものだ。これらの寺院と神との間には、少しの関連性もない。神と聖職者とは、口も利かない関係なのだ！　寺院は聖職者の創造物であり、聖職者は悪魔の創造物だ。聖職者たちは悪魔の弟子だ。人間同士がいがみ合っているのは、経典や宗教宗派の責任だ。宗教は愛を語ってきたが、実際には、憎しみという毒をばらまいてきた。事実、毒は砂糖でコーティングされた錠剤に混ぜると投与しやすくなる。

だが、それでも人々は聖職者を警戒することがない。人が神を思う時、常に聖職者と関連付けてしまう。そしてこれが、人間と神との繋がりが弱まっている根本的原因だ。聖職者はいつだって神を死なせるのに大忙しだ。聖職者以外に、神を死なせる者などいない。

もしあなたが神を選ぶなら、聖職者を選ぶことはできない。両者を同時に崇拝することはできないのだ。聖職者が寺院に入るや否や、神は立ち去ってしまう！　神との関係を築きたいのなら、聖職者抜きにする必要がある。聖職者たちが、信奉者と神との間に立ちはだかる唯一の障害だ。愛は、間に誰をも許さない。祈りもまた同じだ。

それは、早朝の出来事だった。まだ辺りは暗かった。寺院の扉が開くとすぐに、スードラが扉に向かって階段を上って行った。スードラが扉をくぐり抜けようとした時、聖職者が怒って叫びだした。「止まれ、止まるのだ、そこの罪深い男よ！　そこから一歩でも進んでみろ、お前は完全に破滅だ。お前は神の神聖な寺院の階段を汚したのだ」

恐れおののいたスードラは、後ずさりした。神を切望する心が誰かに突き刺されたかのように、スードラの目に涙が込み上げた。スードラは泣きながら言った。「おお、神よ、あなたに会えないほどの私の罪とは、いったい何なのか？」

聖職者は——神の代わりに——言った。「生まれてこのかた、お前は汚れた存在だ。お前は罪の貯蔵庫なのだ」

スードラは懇願した。「では、私は自分自身を浄化するために、精神的鍛練を積みます。神に会うことなく死にたくない」

それから何年もの歳月が経ったが、スードラが姿を現すことはなかった。彼がどこに行ったのか、誰も知らなかった。ある日突然スードラが村に戻って来た時、人々は彼のことをすでに忘れかけていた。寺院は、村の入り口付近に位置していた。聖職者は、スードラが寺院の横を歩いているのを見た。スードラの顔には、新たな輝きがあった。彼の目には、それまでにはなかった安らぎがあった。彼の顔の周囲には、後光すら見えた。だが、スードラは寺院に視線を向けることもなかった。彼は寺院に全く無関心で、興味がない様子だった。

この様子を見た聖職者は、自分を抑えることができなかった。聖職者はスードラに声をかけると、こう尋ねた。「やあ、自己浄化は終わったのか？」

これを聞き、スードラは笑いながらうなずいた。

司祭は、スードラに尋ねた。「では、なぜ寺院に入って来ないのだ？」

スードラは答えた。「寺院に入ったところで、私は何をすればよいのだ？　神が私の前に現れた時、神は言った。『なぜ、私を探しに寺院に行くのだ？　そこには何もない。私自身、寺院に行ったこともない。たとえ寺院に行ったとしても、聖職者が私を中に入れてくれると思うか？』」

# 第五十三話　宗教は買えない

私が知っている億万長者の男が、寺院をいくつも建てた。彼は自分のお金を宗教に投資し、それに大きな期待を抱いている。とても抜け目のないビジネスマンで、十倍の利益を生み出すのが常である。

宗教のビジネスにおいても、誰からも後れをとるのを好まない。事実、後れをとるのは、彼の習慣ではない。もし、お金がらみのことで後れをとらないとしたら、宗教でも後れをとるわけがないではないか？　この世のことに関しては、彼は人の前に立ち、人の上に立つ――そして今、彼はあの世への準備すら始めたのだ！　天国はすでに確約され、彼にはこの世の気がかりはなくなったようだ。

この地球のみならず、天国ですらお金で買えるのだ。お金がとても重要な理由がこれだ。お金は、宗教よりも崇高なのだ。なぜなら、宗教でお金は買えないが、お金で宗教を買うことができるのは確かであるから。お金で宗教を買うことができるなら、不正な方法でお金を集めることへの恐れも消える。お金は、不正な方法でしか集めることができないからだ。富は基本的に盗みだ。富は搾取された血だ。だが、宗教というガンジス川で罪は洗い流される。そして、宗教というガンジス川は、富を誇るバギーラタ――天上に流れていたガンジス川を、大変な努力によって、地上に降ろした王――が手招きするところなら、どこにでも流れ出す。こんな風に、宗教が宗教でないものの土台となる。

だが、どうやって宗教が宗教でないものの土台になるのか？　もちろん、そんな宗教は真の宗教ではない。

富で買えるものは、宗教ではない。

私はこんな話を聞いた……。

ある朝、裕福な男が、天国のドアを叩いた。天国の門番であるチトラグプタが尋ねた。

「兄弟よ、誰がそこにいるのだ？」

「私だ！　お前は私を知らないのか？　私の死の知らせが、まだここには届いていないのか？」

チトラグプタは尋ねた。「お前は何が欲しいのだ？」

裕福な男は、怒りながら言った。「聞くまでもないことだ。私は天国に入りたいのだ」

男はコートから札束を取り出しながらこう言い、チトラグプタに渡そうとした。

これを見て、チトラグプタは大きな声で笑いながら言った。「兄弟よ、お前の世界での習慣は、ここでは通用しないのだ。流通している硬貨も同様だ。どうか、そのお金をしまっておいてくれ」

これを聞き、裕福な男は貧しく弱々しい人間かのように振る舞い始めた。過去に男に強さをもたらした力が、ここでは何の威力もないことが分かったのだ。

チトラグプタは、男に尋ねた。「天国に入るに値する行いを、何かしたのか？」

裕福な男は、しばらくじっくり考えてから言った。「年老いた女に十パイサをやった」

チトラグプタはすぐさま、もう一人の門番に尋ねた。「それは本当か？」

もう一人の門番は、帳面を見てから言った。「ああ、本当だ」

チトラグプタは、裕福な男に聞いた。「他には何かあるか？」

裕福な男は、再び考えてから言った。「孤児に五パイサをやった」

もう一人の門番が帳面を確認し、これもまた本当のことだと分かった。

チトラグプタは尋ねた。「他には？」

裕福な男は言った。「それが全てだ。この二つしか思い出せない」

チトラグプタは、もう一人の門番に尋ねた。「どうすればいいか？」

もう一人の門番は言った。「十五パイサを男に返し、男を地獄に送ればいい。天国に入るのに、十五パイサは安すぎる」

だが、天国はお金を差し出すことで、到達できるのか？　パイサは結局、パイサでしかない――お金を積み上げていき、札束を高くしたところで、パイサは常にパイサでしかない。

実際、宗教はどんな方法でも買収することができない――それがより少ない金額であろうと、より多い金額であろうと――お金が、宗教の世界では流通していないためだ。宗教は、富を手放すことですら買収できない。なぜなら、富を手放すことで天国を買収しようとすることは、富を使って天国を買収することと同じだからだ。宗教的な価値に関する限りは、お金は何の価値も持たない。お金という言語は、宗教には無関係なのだ。

自分の真実は、買うことができない。自分の真実が宗教であり、自分の真実が天国だ。それは、自分の外側では見つからない。自分の真実は、いつも自分の中に存在する。宗教の中に入って行かなくてもよい。ただ、目を覚まして、いつも宗教の中にあることを悟ればよい。

魚が海に住むように、私たちは宗教に暮らしている。だが海にいたとしても、眠りや夢の中で魚は海を離れることができる。私たちの状態も同じだ。私たちがこの世にいる時、私たちは夢を見ている。快楽や手放しは、どちらも夢だ。宮殿も寺院も、どちらも夢なのだ。

夢の中で建てられた宮殿でも寺院でも、そこで目覚めがもたらされることはない。目覚めへの道は、これらとは異なったものだ。私たちの意識を見られる側から見る側に変えることで、目覚めは見つかる。私たちの眠りは見られる側への意識の深さに比例し、意識が見る側に戻れば戻るほど、目覚めが近くなる。私たちの注意を完全に見る側に戻した時、見られる側も見る側も、全て消え去ってしまう。そして、そこに残った全体性が宗教なのだ。これが真実であり、これが究極の自由だ。

## 第五十四話

# はしごの最初の一段

究極の真実を探し求める時、最初に必要な真実とは何か？　最初の真実とは、一個人としてありのままの自分を知ることだ。これがはしごの最初の一段になる。だが、ほとんどのはしごはこの最初の一段が見当たらないため、はしごと言っても名ばかりで実際に登ることができない。はしごを肩に担いで運ぶこともできるが（そんなことをしたい人がいればの話だが）、そのはしごに登るのは不可能だ。

人は他人を騙し、自分自身を騙し、神さえも騙そうとする。このようなことばかりしていたら、人は自分自身を見失う。そうやって人は、自分の目をくらます煙を作り出す。私たちの文明、文化、宗教が、自分たちを騙す美しい建前になってはいないだろうか？　本当は文明、文化、宗教が欠如しているということを煙の向こう側に隠そうとして、私たちは無駄にあがいていないだろうか？　その結果はどうだ？　こういう文明らしきもののせいで、私たちの文明は開化せず、宗教のせいで、私たちは信仰を深めることができないでいる――なぜなら、嘘は決して真実へと導く道にはなれないからだ。

真実そのものが、真実への扉になる。自分を騙すことをやめて初めて、真実への道が明らかになり、障害物もなくなる。自分自身を騙すことは、結局不可能だということを覚えておく必要がある。遅かれ早かれ誤魔化しに歪みが生まれ、真実が露呈する。これが理由で、自分を騙すことは結局深い後悔の念へと変わる。だが先に気づくことができれば、後悔しなくてすむのだ。

なぜ、私たちは自分を騙したいのか？　騙すことの裏には恐れがあるが、騙すことでその恐れの根本的原因を打ち砕くことができるのだろうか？　逆に騙すことで、このような根本的原因は埋められ地中深く成長する。こんな風にして、根本的原因は死ぬことはなく、さらに活発になり強力になる。まさにこれが理由で、さらに大きな誤魔化しが考え出され、原因を覆い隠す。そして、誤魔化しの終わりなき連鎖が始まることで、人はどんどん臆病になっていき従順で臆病で悲しくつまらない存在になってしまう。そこから人は、自分のことですら恐れ始める――そしてこの恐れが地獄に変わる。

人生において、恐れから誤魔化してその後ろに隠れてしまうのは、適切ではない。恐れの根本原因を探ることこそが正しい。恐れを抑圧するのではなく、恐れの原因を明らかにするべきなのだ。もし恐れを抑圧するのなら、究極の解放は不可能だ。恐れを知り、明るみに出して初めて、恐れから自由になることができる。

まさにこの理由から、私は、宗教的であることに必要な最大の本質は勇気だと考える。人生という寺院は、裏口を通って入ることができない。実在は、勇気を持って努力する人だけを歓迎する。


イギリスの大きな街で、シェークスピアの舞台が上演されていた。これは、紳士が舞台を観るのは罪深いことだと考えられている時代のことで、司祭が舞台を観るなどもってのほかだった。結局、宗教が唯一の指標なのだ！　だがある司祭にとって、舞台を観たいという欲求に打ち勝つことは不可能だった。司祭は、私たちが人生でよく使う手で観劇しようとした。司祭は劇場のマネージャー宛てに手紙を書き、こう尋ねた。「誰にも見られないように、劇場の裏口から入れるように手配してくれないだろうか？」

マネージャーが、返事を送ってきた。「申し訳ないが、ここには神から見えないドアはないのです」

私は、あなたたちにも同じことを言いたい。真実へと入るための裏口は、存在しない。神は、どのドアにも立っているのだ。

# 第五十五話

# 店番をしているのは誰？

これは旅に関する話だ。

何人かの年老いた男女が、巡礼の旅をしていた。一人の聖人が彼らと一緒だった。私は、彼らが話すのを聞いていた。聖人は、一行に説明をしていた。「死後の世界で何が起こるかは、人生の最後に何を考えていたかに懸かっている。人生の最後を上手くやった人は、全てが上手くいく。つまり、死の瞬間に神を思い出す必要がある。死の瞬間に、何の間違いか神の名を思い出していた罪人たちは、今頃天国を楽しんでいることだろう」

聖人の話は、期待通りの効果を生み出した。人生の最後の時期に巡礼に出た年老いた男女の一行は、自分たちが聞きたいことが聞けたので大喜びしていた。「実際、問題は人生ではなく、死だ。一生涯の罪を取り除くのに、神の名前を思い出すだけで十分だ。たとえそれが間違いだとしても」

彼らの場合、間違いではなく、自分たちで巡礼に出ることにしたのだ。もちろん、彼らは聖人のこの言葉に満足しとても幸せだったので、神父にもよくしてやっていた。

私は、彼らのちょうど前に座っていた。聖人の話を聞いた私は笑い出し、それを見て、聖人は怒りながら私に訊いた。「君は宗教を信じないのか？」

私は言った。「どこに宗教があるのだ？　宗教に見せかけた宗教でないもののコインが、ここに出回っているだけではないか——忠誠を要求するコインは、どれも偽のコインだ。知性を持った人がいると都合が悪いため、忠誠を要求するのだ。忠誠は自由な判断力を抹殺してしまう。だが、盲目の人が、自分が盲目だと認めることができないように、忠誠心の強い人は、自分が盲目的な信奉者だと認めることができない。

盲目である者とそれを搾取する者によって成り立つ策略は、宗教のまさに根源を私たちから切り離してしまうほどだ。宗教というショーがあり、宗教でないものの修行がある。あなたは、これらの年老いた人たちに、何を言っているか考えたことがあるのか？『どんな人生を歩んできたとしても、人生の最後に思考が汚れていなければよい』、これほど誠実さに欠いたことがあるだろうか？　そんなことが可能なのだろうか？　種がニームの種なら、木はニームの木になる——だが、あなたたちはニームの木からマンゴーを摘みたがる！　過ごしてきた人生の本質が、死の瞬間、意識の前に現れる。死とは何だ？　人生そのものが成就したものではないのか？　どうすれば、死が人生にとって代われるというのか？　死は、人生の延長線上にある。死は、人生の成果なのだ。

空想上の思い付き――例えば死の瞬間に、神の名前でもあり息子の名前でもあるナラヤンという名を偶然にも口走ったことで、全ての罪から解放され、究極の自由を手に入れた罪人、アジャミルの話のように――は、なんであれ上手くいかないのだ。人間の罪深い思考が、でっちあげないことなんてあるだろうか？

そして、こんな風に恐れを抱える人々を搾取する人間がいつの時代も存在する。本当に、神に名前があるのか？　神を思い出すということは、内なる感覚の中でのことだ。エゴが消滅していく意識の状態が、神を思い出す正しい状態だ。人生を通じて、エゴという埃を振り払ってきた人だけが、最後にエゴのないきれいな鏡を見つけることができる。これは、間違って何かの名前を発することで実現することではない。

誰かが間違って、ある名前を神の名前だと信じ続け、人生を誤解だらけで生きたとしたら、その人の意識は、神の意識よりも無意識の状態で満たされるだろう。単に言葉を繰り返すだけで、意識が呼び起こされることはない。逆に、意識を眠らせてしまうだけだ。

なぜ、アジャミルがナラヤンの名前を呼んだかは分からない。最もそれらしい説明は、アジャミルが人生最後の時を迎えているのを悟り、やり残したことを息子に伝えようとしたのではないだろうか。

最後を迎える瞬間、あなたの全人生の本質が現れる。意識の目前に、本質が現れることができるのだ」

それから私は、巡礼の一行にある出来事を話して聞かせた……。


ある年老いた店主が、死の床についていた。男の寝床の周囲には、家族皆が集まり、悲しみに暮れていた。年老いた店主は突然目を開けると、とても心配そうに尋ねた。

「妻はここにいるか？」

男の妻が言った。「はい、ここに」

「長男はいるか？」

「長男もいます」

「あとの五人の息子たちは？」

「ここにいます」

「それから四人の娘たちは？」

「ここにいます。心配しないで、横になって休んでください」

「どういうことだ？」死に際の男が、こう尋ねながら、起き上がろうとした。「じゃあ、誰が店番をしているのだ?」

# 第五十六話　幸せはどこに？

あなたは、こう尋ねている。「幸せはどこにあるのか？」

あなたに、ある話を聞かせよう。この話の中にその答えがある。

ある日、この世の世界中の人たちがちょうど眠りから覚めた頃、奇妙なアナウンスが流れ始めた。こんなアナウンスは、それまで誰も聞いたことがなかった。この前代未聞のアナウンスがどこから流れているのか誰にも分からなかったが、その内容は明確だった。おそらく、空から流れているのか。もしくは、内側から流れているのか。アナウンスの発信元がどこなのか、誰も知らなかった。

「やあ、世界の人々よ！　神から幸せという贈り物がある。悩みの種を取り除く絶好の機会だ。今日の真夜中、悩みの種を取り除きたい人は、想像上で悩みを袋に詰め、村の外れにそれを捨てに行くのだ。村に戻る前に、自分が願う幸せを同じ袋に入れ、日の出までに家に戻るのだ。それまで悩みの種があった場所に、幸せを見つけるだろう。この機会を逃した人は、一生、再びチャンスは訪れないだろう。今回、願いを叶える木がこの地球に一晩だけ下りてくるため、このような機会が与えられた。信じる心を持ち、その果実を集めるのだ。信じることで、願いは実を結ぶだろう」

このアナウンスが、日没まで一日中繰り返された。夜が近づくにつれ、疑い深い人たちまで、このアナウンスを信じ始めた。こんな機会を逃すとは、どんな愚か者だ？　悩みを持たず、幸せへの願望がない人などいるのか？　そうして、皆が悩みの種を袋に詰め始めた。みんな、同じことを考えていた。どんな悩みも取り残してはいけない。真夜中が近づく頃までには、世界中のどの家も空っぽになり、数知れない人たちが悩みの袋を持って移動していた。まるでアリの行列のように皆、街の外れに向かっていた。捨てた悩みが戻って来てしまわないように、街からできるだけ遠くまで捨てに行った。そして真夜中が過ぎると、皆気が狂ったように、急いで幸せをかき集め始めた。

朝が来た時に、幸せが取り残されていては大変だと、みんな大急ぎだった。幸せはこんなにたくさんあるのに、時間はかなり限られていた。なんとか全ての幸せをかき集めて、日の出頃には家に戻ることができた。家に着くと、みんな目を見開いた。自分たちの目が、信じられなかった。家があった場所に背の高い宮殿が建ち、それが今にも天に届きそうだった。全ては金色だった。幸せが降り注いでいた。自分たちが欲しかったものが、全て手に入ったのだ。

これが最初の驚きだったが、さらに大きな驚きが待ち構えていた。これら全ての幸せを目の当たりにした後ですら、人々の顔には幸せが存在していなかったのだ。近所の人たちの喜びが、自分たちの苦痛に変わった。人々の昔の悩みは消えたものの、全く新しい悩みや心配事が、それらに取って代わっただけだった。悩みの種類は変わったが、人々の思考は同じだったため、幸せを得ることがなかったのだ。世界は変わったが、人々は依然として変わらずじまいで、全ては昔と同じままだった。

だが一人だけ、悩みを捨て去り幸せを得るという招待を受け入れなかった人がいた。それは裸の僧だった。僧は非常に貧しかった。僧の愚かさを不憫に思った皆は、一緒に幸せを集めに行こうと誘った。王ですら行くのだから、僧はなおさら行くべきだ。だが僧は、笑いながら言った。「外側にあるものは、全て幸せとは言えない。内側にあるものを、どこへ探しに行けるというのか？　探し求めることを止めた後で、私は幸せを見つけたのだ」

人々は僧の狂気に笑い、彼を哀れに思った。人々は、僧を完全な馬鹿者だと思った。そして、家が宮殿に変身し、宝石が小石のように家の前にちりばめられているのを見て、人々はもう一度、僧に言った。「今になっても、自分の間違いに気がつかないのか?」

だが、僧は再び笑ってから言った。「私も、同じ質問をあなたたちにしようと考えていたところだ」

## 第五十七話　死への恐れ

私は、死を目前にしている八十四歳の男の横に座っていた。男は、一人の人間がかかりうる限りの病気を全て同時に患っていた。長い間、男は耐え難い痛みに我慢してきた。ついに、男は失明までしてしまった。気絶することもあった。ベッドから何年も起き上がることすらできなかった。彼の人生は、苦痛でしかなかった。だがこのような状態にあっても、男はまだ生きたかった。死への準備がまだできていなかったのだ。

人生が地獄よりひどいものだったとしても、死にたいと願う人は誰もいない。生への欲望は、どうしてこんなにも盲目的で満たされることがないのか？　この欲望は、多くの忍耐を強いてくる。死を経験したことがないにもかかわらず、どうして死を恐れることができるのか？　実際人は、知っていることだけを恐れることができる。なぜ知らないことを恐れることができるのか？　未知のものに対しては、探求心や知りたいという願望のみが存在するはずだ。

年老いた男は、誰彼構わず、訪ねてきた人の前で嘆き悲しんだ。とにかく不満だらけだった。不満は、死に際ですら止まらなかった。おそらく、不満は死後も人に付きまとって行くのだろう。

男は、あらゆる分野の医者にほとほと愛想が尽きていたが、それでもまだ望みは捨てていなかった。お守りの力を借り、生きながらえるようにと願っていた。

私は、男が一人になるのを見つけると、男に尋ねた。「あなたは、まだ生きたいのか？」

男は、どう見てもギョッとしていた。男は、私がとても不吉な質問をしたと思っていたのだろう。それからとても苦しそうに、男は答えた。「今はもう、神に対する願いは一つだ。神に私を連れて行ってもらいたい」。だが、言っていることが本心ではないということは、男の顔じゅうに書いてあった。

私はこんな話を思い出す……。


あるところに、一人の木こりがいた。木こりは身体が不自由で貧しく、不幸で年老いていた。男はもう、食べ物を買うだけの木を伐ることもできなかった。男の生命力は、日に日に弱っていった。世界中どこにも、男と繋がりのある人間はいなかった。

ある日森で木を伐った後、それを束ねながら不平をつぶやいていた。「死ですら、老齢の苦痛な人生から、私を助け出してくれない」だが、言い終わるか否かのうちに、男は誰かが背後に立っているのを感じた。目に見えないとても冷たい手が、男の肩にのっていた。男の身体と息が震えた。振り返って見たが、そこには誰もいない。だとしても、確かに誰かがそこにいる。冷たい手の重みが、男の肩にはっきりと感じられるのだ。男が話し出す前に、目に見えない力が話し出した。「私は死だ。お前に何をすればよいのか教えてくれ」

年老いた木こりは、言葉を失った。それは冬だったが、男の身体はものすごい勢いで汗をかいていた。どうにかして、男は勇気を振り絞って尋ねた。「おお、神よ。哀れな男にご慈悲を。私から何が欲しいのだ？」

死は言った。「お前が私を思い出したから、私はここにいるのだ」

木こりは、心を落ち着けてから言った。「私を許してくれ。私は我を忘れていた。どうか、この木の束を持ち上げるのを手伝ってくれ。このためにあなたを呼んだだけだ。今後、あなたを呼ぶこともないし、もし間違って呼んでしまったとしても、来る必要はない。神のご慈悲のお陰で、私はとても幸せだ」

誰かが男を訪ねて来た時、年老いた男はちょうどこの話を思い出していたところだった。

訪ねて来た男が言った。「呪術師が到着した。彼の奇跡の力については、多くの話がある。彼をここに連れてこようか？」

希望の光が年老いた男の顔を照らし、どうにかして起き上がると、こう言った。「どこにその呪術師がいるのだ？　早く呼んでくるのだ。私はそれほどひどい病気でもない。実際、医者たちが私を殺そうとしているようなものだ。神は私を救いたいのだ。だから、医者たちがいるにもかかわらず、私はまだ生きている。神が救おうとしている人間を、誰が殺せるというのか？」

それから、私はその場を立ち去った。だが、ちょうど家に着いた時、私はこの年老いた男がもうこの世にはいないという知らせを受け取った。

## 第五十八話

# エゴは、誰も持っていないものを欲しがる

ある億万長者の男が、大邸宅を建築していた。大邸宅がまさに完成しようとしている時、男は死に向かい始めた。これはよく起こることだ。大邸宅が建築されている最中に、それを建築している人が死んでしまう。住み始める前に、本人が死んでしまうのだ。大邸宅を建てる人たちは、そこに住むためにそれを建てるのだが、代わりにお墓を建てることになってしまう。

こんなことが、実際に起こっていた。大邸宅が建築されていたが、建築主は人生の終わりに近づいていた。そしてこの大邸宅は、比類ないほどに素晴らしいものだった。

エゴは、誰も持っていないものを欲しがる。それを手に入れようとして、人は自分の魂を失ってしまう。実在しない現象であるエゴは、自分が最も重要だと感じることで、自分の存在を実感することができる。エゴは、一番であることによってのみ、自分の存在を感

じることができるのだ。この億万長者の大邸宅は、あらゆる面で他と比べ物にならなかった。美しさ、デザイン性、利便性、どれをとっても素晴らしかった。億万長者の男は、天にも昇る気持ちだった。首都のどこに行っても、男の話題で持ちきりだった。男の大邸宅を見た人は、みんなうっとりした。

ついに、王自らが大邸宅を見に来た。王も、自分の目が信じられなかった。この大邸宅と比べると、自分の城すら見劣りした。王は内心嫉妬を覚えたが、表面的には大邸宅を称賛した。億万長者は、王の嫉妬を本当の称賛だと勘違いした。王の称賛の言葉に申し訳なく感じた億万長者は、こう言った。「全て神の恵みのお陰だ」

だが心の底では、男は自分の努力の賜物だと思っていた。王に別れを告げながら、男は門の所で王に言った。「私は、この邸宅に一つだけ門を作った。この手の邸宅では、盗みは不可能だ。入るのにも、出て行くにも、必ずこの門を通る必要がある」

ある年老いた男が、門の近くの群衆の中に立っていた。裕福な男の言葉を聞き、年老いた男は、大きな声で笑い出した。王は男に尋ねた。「なぜお前は笑っているのだ?」

男は言った。「億万長者の耳元でなら、理由を言おう」それから男は家の主のところへ行き、彼の耳元で囁いた。「この大邸宅に門が一つしかないことをあなたが褒め称えているのを聞き、私は笑ってしまった。この大邸宅全体の中で、この門が唯一の欠点だ。死が、この同じ門から入り、あなたを連れて行くだろう。もしこの門がここになければ、あなたは大丈夫だったただろうに」

人は、自分の人生にも大邸宅を建築する。どの邸宅にも同じ欠点が存在する。その欠点のせいで、どの家も完璧な住まいとは言えない。どの家にも少なくとも一つの入り口があり、その入り口が、死への扉になる。

死への扉がない家を人生で作ることは可能なのだろうか？　それは可能だ。だが、そんな家は、壁も存在しない。多くの扉があり、そして扉しか存在しないため、扉が見えなくなるのだ。死は、一つの扉からのみ入ってくることができる。多くの扉しかないところには、死への扉は存在しない。

エゴは、人生で壁を作る。そして、自分が出入りするために、少なくとも一つの扉が必要になる。それが死への扉になるのだ。エゴの家は、死から解放されない。一つの扉は常に存在する必要があり、それが、私たちが話してきた扉だ。もし、その一つの扉が存在しなかったら、エゴの家は死んでしまうだろう。エゴの家が、それ自体を殺してしまうだろう。

だが、エゴのない人生も存在する。そんな人生には死はない。なぜなら、その人生には死が入ってくる扉がなく、またそれを取り巻く壁もない。

エゴがないところに、魂が存在する。魂は空のように無限で果てしない。そして、無限で果てしないものが永遠なのだ。

## 第五十九話

# 祈りは何も求めない

私は、ある小さな村に招待された。小さいながら、村には寺院もモスクもあり、教会もあった。村の人々は信仰深く、日々、日の出とともに、自分たちが崇拝する宗教施設へと足を運んだ。夜ですら、再びそれらの場所を訪れてからしか眠りにつくことはなかった。宗教上の祝祭が、来る日も来る日も行われていた。

だがその村の人たちの人生は、他の多くの村の人たちと同様だった。宗教と人生は、お互いに関わり合うということはないようだ。人生には人生の在り方があり、宗教には宗教の在り方があった。両者は平行線で、お互いが出会うなんてことは起こり得ないのであった。結果、村人の宗教は生命のないものになり、彼らの人生は宗教のないものになった。

この村で起こっていることは、世界中で起こっていることだ。私はそれぞれの宗教施設に一日二日通い、神の崇拝者や聖職者といわれる人たちの心を観察した。私は彼らの目を探り、祈りを聞き、話をして、彼らの人生を注意深く見た。訪れる人たち、立ち去って行く人たちを観察し、彼らの生活の仕方を観察した。そのうち何人かの家も訪れた。彼らについて、近所の人たちから話も聞いた。

私は、ある神の信奉者について、他の神の信奉者に意見を聞いた。ある寺院の聖職者について、他の寺院の聖職者から情報を集めた。また、ある宗教の学びを深めた人たちについて、他の宗教の学びを深めた人たちと意見を交わした。そして私は、この信仰深く見える村が、どう考えても信仰に欠いている状態であるという結論に達した。宗教の皮を被った、無宗教な人生がそこにあったのだ。

宗教の皮は、無宗教な人生のためにだけ必要になる。様々な宗教施設は、信仰を殺す場所を隠すためだけに、そこにあるのではないだろうか？

神に仕えるいわゆる聖職者は、神と何の関係もない。聖職者たちはもちろん、神を守り続けたいと願う。なぜなら、それが彼らにお金をもたらしてくれるからだ。しかも、神の崇拝者たちは、神に対して愛を持ち合わせていない。崇拝者たちは、この世の恐れからの保証を求め、この世の願望を達成するために助けを得ようとして神に祈っている。この世を去ろうとしている人たちは、来世に対して神から保証を得ようとしている。そこの村人たちは皆、享楽と快楽だけを愛していた。彼らの愛はこの世のために過ぎず、祈りはどれも神への祈りではなかった。祈りの中、村人たちは神以外の全てのものを求めた。実際、何かを求めて祈る場合、それは神への祈りではない。

祈りの中に願いがなくなって初めて、祈りが真の祈りになる。神を求める思いがあれば、その祈りは真の祈りではない。祈りは、完全に願望から解放されて初めて、真の祈りになる。もちろん、真の祈りには、賛美も含まれてはいない。賛美は祈りではなく、へつらいだ。賛美は賄賂だ。卑しい思考の表れに過ぎないだけでなく、欺こうとする試みでもある。このような方法で欺くとは、これほど愚かなことがあるだろうか？　こうして人は、自分自身を欺くのだ。

友よ、祈りは願いではない。祈りは愛だ。祈りは自分の解放だ。

祈りは賄賂ではない。祈りは、非常に深い感謝の中にある状態のことだ。そして、感情が強さを増した時、そこに言葉はない。

祈りは演説ではなく、静寂だ。無限への献身なのだ。祈りは言葉ではなく、無限の音楽だ。このような音楽は、他の音楽が鳴りやんだ時に始まる。

祈りは崇拝ではなく、また、崇拝する場所が存在するわけでもない。祈りは、外側の世界と何の関わりもない。祈りは、他と何の関係もない。祈りは、自分の最も深い部分での目覚めだ。

祈りは行動ではなく、意識だ。祈りは何かをすることではなく、在り方だ。

愛の誕生だけが、祈りへの必要条件だ。そのため、神という概念自体が必要ない。それすら障害になる。祈りのあるところに、神がいる。だが、神という発想があるところには、その発想のせいで、神はそこに存在することができない。

真実は一つだ。神は一つだ。だが、嘘はたくさん存在し、概念も多く存在するため、結局寺院も多く存在することになる。まさにこれが原因で、寺院は神に到達するための扉ではなく、壁になってしまっている。

愛の中に神の寺院を見つけられない人は、他のどの寺院にも神を見つけることができないだろう。

愛とは何だ？　神への愛着か？　愛着は、愛ではない。愛着があるところには、搾取がある。愛着があるところには、誰か別の人が対象となり、自分が主体になる。愛のあるところに、他は存在しない。他者と関係しているということはエゴが関連していて、エゴがあるところには神は存在しない。

愛は、ただそこに存在する。愛は、誰かのためではない。ただそこに存在している。愛が誰かのためである時、そこには錯覚がある。そのような「愛」は、愛着であり、欲望だ。

愛がただ愛である時、それは欲望ではなく祈りだ。欲望は、海に向かって流れる川のようだ。愛は、海そのものだ。愛は、誰かに向かって流れるわけではない。愛は、ただ単に愛として存在するだけだ。愛は、誰かに対して惹かれていくわけではない。愛は、愛自体の中に存在する。愛もまた、海のように祈りなのだ。欲望は流れであり、吸引力であり、張り詰めた状態だ。祈りとは状態のことだ。祈りは、それ自体の中で平穏であることだ。

愛と完璧さは、理由もなく、気づかれることもなく、また押されることもなく、お互いに惹かれ合う。

私はこのような愛を祈りと呼ぶ。

その他の状態にある祈りは、偽りであり、自分を欺くものだ。

絞首刑を言い渡された一人の囚人が、刑務所に到着した。到着するや否や、刑務所全体にこの囚人の祈りが知れ渡った。日の出の前に、男の礼拝と祈りは始まった。男の神への愛は、限りないものだった。祈っている時には、留まることのない涙が男の目から溢れ出した。神からの分離から湧き起こる感情と、神への愛から来る感情を、彼が唱える全ての言葉の中に聞くことができた。神の崇拝者であったこの男のことを、他の囚人たちもたちまち崇拝するようになった。刑務所の所長や職員たちも、男に尊敬の念を示し始めた。神への祈りの日課は、日夜を問わず行われるほどだった。起き上がる時、座る時、動く時、男の唇は「ラム、ラム」という言葉を発していた。男の数珠の玉は、永遠に彼の手の中で回っていた。男のショールにすら、「ラム、ラム」という言葉が書かれていた。

刑務所長が見回りを行っている時には、男はいつも献身的な祈りを捧げていた。だがある日、刑務所長が男の部屋に着くと、日が昇ってずいぶん経つにもかかわらず、囚人はまだぐっすり眠っていた。「ラム、ラム」と書かれた男のショールと数珠は、無造作に部屋の片隅に放ってあった。所長は、男の気分が優れないのだろうと思った。だが、他の囚人たちに訊いてみると、男の健康状態に問題はないようだった。前日の夕方以降、なぜ男が急に神への祈りをやめてしまったのか、誰にも分からなかった。

所長は囚人を起こして訊いた。「日の出の時間はもうとっくに過ぎている。朝の礼拝と祈りは行わないのか？」

囚人は答えた。「礼拝と祈り？　なぜ今さら礼拝と祈りを行わないといけない？　昨日、家から手紙が届いた。その手紙は、私の死刑宣告が七年の禁固刑に減刑されたという知らせだった。神に願ったことは全て叶えられたのだ。これ以上、哀れな仲間に面倒をかけることはない」

# 第六十話　エゴの重み

人間が神に到達するのを妨げているのは誰か？　誰が人間を地球に縛り付けているのか？

人生の川が海へと到達するのを許さない力は何だ？

それは人間自身だと、私は答えよう。人のエゴの重みが、自分をさらに高めていくのを許さないでいる。地球の重力ではなく、石のようなエゴの重みが自分を高めていくのを許さないでいるのだ。私たちは、自分自身の重みの下に押しつぶされ、動くことすらできない。地球は、肉体にのみ力を及ぼす——地球の重力が、肉体を縛っている——だが、エゴは魂ですら地球に縛り付けている。エゴの重みに力が及ばず、魂は天へと昇って行くことができないでいる。この肉体は、地球からできている。肉体は地球から生まれ、地球と融合している。だがエゴのせいで、魂は神から切り離され、不必要に肉体の後に従うことを強要されている。

もし、魂が神に到達することができなかったら、人生は耐え難いほど苦痛なものになる。神が唯一、魂を満たすことができる。神は魂の完全な発現であり、これが妨害され達成されなければ、苦痛が生じる。真実へと近づく自分の可能性が妨害されると、苦痛が生じるのだ。なぜなら、自分の完全なる発現は無上の喜びだからだ。

あなたにはこれが見えるか？　このランプが見えるか？　これは、地球から作られた、生命を持たないランプだ。だが、炎は不滅だ。ランプは地球からできているが、炎は天からできている。地球に属しているものは地球に留まるが、炎は未知の空に向かって絶えず昇っている。人間の肉体も似ている。人間の肉体も地球からできている。だが人間の魂は違う。魂は生命のないランプではなく、不滅の炎だ。だが魂もまた、エゴの重みで地球から昇って行けないでいる。

あらゆる点で、エゴの重みで押し下げられない人たちだけが、神へと向かって進んで行くだろう。

私はある話を聞いた……。

とても険しく登るのが困難な高い山に、神を祀る黄金の寺院があった。その寺院の僧が年老いてきたため、全人類の中で最も強い人物を、彼の後継者として任命することが発表された。この地位に任命されることほど、素晴らしいことはなかった。

指定された日に、強靭な候補者たちが山を登り始めた。山の頂上に位置する寺院に最初に到着した者が、最も強い人間だと証明できるのではないか？　山を登り出した時、競争に加わった者たちは、自分たちの強さを示そうと、肩に石をのせて運び始めた。彼らはそれぞれ、自分の力を表すと考える重さの石を運んだ。一ヵ月でも続きそうな、厳しい登山だった。候補者が命を落とす危険さえあった。

だからこそこの挑戦が人を惹きつけ、意欲を掻き立てたのだろう。何百人もの人々が、自分の運と持久力を試し始めた。日々が過ぎていくうちに、登山者の一部は後れをとり始めた。何人かは、石とともに深い谷底へと落ちて行った。たゆまぬ努力と極度の疲労の結果、石を掴んだまま、この世を去って行く者たちもいた。だがその反面、疲労もひどく、体力を消耗し切っているにもかかわらず、尽きることのない意欲で前に進んで行く者たちもいた。前に進み続ける者たちには、谷底へ落ちて行った者たちのことを考える時間はなかった。考える余裕すらなかったのだ。

だがある日、登山者は皆、一番後れをとっていた男がものすごい速さで後ろから他を追い越し、先頭へと進んで行くのを見てとても驚いた。この男は、自分の強さを示す石を肩にのせていなかった。石の重みがないことが、男がこれほど速く進める理由に違いなかった。男はどこかに石を捨ててしまったのだろう。皆、男の愚かさを笑った——自分の強さを示すものを運んでいないとしたら、山頂に先に到着したところで全く意味がないではないか？

辛く険しい数ヵ月に及ぶ登山が終わり、登山者たちがついに神の寺院に着いた時、彼らは自分の目が信じられなかった。石を捨て去り最初に寺院に到着したものの、それほど強くもないこの男が、寺院の僧に選ばれていたのを知ったのだ。

他の挑戦者たちが不当な結果に対して不平を言い始める前に、年老いた僧は彼らを歓迎してから言った。「エゴの重みから解放された者だけが、神の寺院に入る資格を得る。この若者は、全く新しい強さを証明して見せた。エゴを象徴する石の重みは、実際には強さではない。私はあなたたち皆に敬意を表して尋ねたい。山に登り始める前、誰が肩に石をのせて運ぶというアイデアをあなたたちに伝えたのか？　そしていつ、そのアイデアを伝えたのか？」

## Ｏｓｈｏについて

「私たちは誰なのか」ということを理解することに対し、Ｏｓｈｏのユニークな貢献は、どこにも分類することができない。神秘家であり科学者、反逆的なスピリットであるＯｓｈｏの唯一の関心は、新たな生き方を見出すという切迫した必要性を、人類に警告することにある。今までのような生き方では、唯一無二の美しいこの惑星での私たちの生き残りに、危機を招いてしまう。

Ｏｓｈｏの説く本質的な点は、自分自身を、そして個人を一度に変えることで、私たち「自身」の全て——私たちの社会、私たちの文化、私たちの信念、私たちの世界——の結末を変えることができるというものだ。そして、この変化への入り口が、瞑想なのだ。

科学者であるＯｓｈｏは、過去のアプローチを全て実験、精査し、それらが現代人に及ぼした影響を観察した。またそれらの欠点に対応し、大変活発な二十一世紀の思考に、新たな出発点を創り出した。これが、Ｏｓｈｏアクティブ・メディテーションだ。

現代のライフスタイルの乱れが落ち着くと、「活動」が「受動」へと溶け込み、真の瞑想を始めるための鍵になる。この次のステップを支援するため、Ｏｓｈｏは、古来の「聞く技術」を上手く現代のメソッドへと変革させた。これが、Ｏｓｈｏトークスだ。ここでは言葉が音楽になり、聞き手が、誰が聞いているのかを発見する。また意識は、何を聞いているのかということから、聞いている人へと移る。すると、魔法のように静寂が訪れ、聞く必要のあることが、直接理解される。そして、この繊細なプロセスの妨げとなり、邪魔にしかならない思考の阻害からも解き放たれる。

何千もの講話は、個々が抱える人生への意味の探求から、最も急を要する、現代社会が直面する社会的、政治的諸問題に至るまで、全てを網羅している。Ｏｓｈｏの本は、Ｏｓｈｏが書いたものではないが、世界中の聴衆に向けた即興による講話を収録した音声や動画を書き起こしたものだ。Ｏｓｈｏはこう言う。「覚えておくのだ。私は、あなたたちだけに話しているわけではない。未来の世代にも、話しているのだ」

Ｏｓｈｏは、ロンドンのサンデー・タイムズ紙において、「二十世紀を作った千人」のうちの一人として選ばれた。また、アメリカの著者トム・ロビンズは、「イエス・キリスト以降、最も危険な人物」と評している。インドのサンデー・ミッドデイ紙は、ガンジー、ネルー、ブッダと共に、インドの運命を変えた十人のうちの一人として、Ｏｓｈｏを選んでいる。

自身の仕事について、Ｏｓｈｏは、新たなタイプの人類誕生のため、環境整備に一役買っていると言う。Ｏｓｈｏは、この新たな人類を「ゾルバ・ザ・ブッダ」と分類し、彼らが、ギリシャ神話のゾルバのごとく、この世の享楽を楽しむと同時に、ゴータマ・ブッダの内面的静けさを持っているとしている。

Ｏｓｈｏの講話や瞑想の全ての側面に通された糸のように、過去の全ての時代の永遠の知恵と、今日の（そして明日の）科学とテクノロジーがもたらす最高の可能性の両方が、彼のヴィジョンに網羅されている。

Ｏｓｈｏは、現代生活の目まぐるしいペースを受け入れるための瞑想アプローチと共に、内なる改革の科学に画期的な貢献をもたらしたことで広く知られている。彼のユニークなＯｓｈｏアクティブ・メディテーションは、身体と心が抱える蓄積されたストレスをまずは解放し、穏やかで、思考から解き放たれたリラクゼーションの体験を、日常生活にもたらすように設計されている。

**著者による自叙伝　二作品**

"Autobiography of Spiritually Incorrect Mystic"（未邦訳）St. Martins Press, New York

"Glimpses of a Golden Childhood"

邦題『ゴールデン・チャイルドフッド―光輝の年代　和尚幼年期を語る』（和尚エンタープライズジャパン刊）

## Oshoインターナショナル・メディテーション・リゾート

毎年、メディテーション・リゾートは、世界中の百ヵ国を超える国から、何千もの人々を迎え入れている。このユニークなキャンパスでは、さらなる気づき、リラクゼーション、祝福や創造といった、新たな生き方を体験することができる。一年を通して二十四時間、多種多様なプログラムが用意されている。何もせず、ただリラックスするというのも選択肢の一つだ！

全てのプログラムは、Oshoの「ゾルバ・ザ・ブッダ」のヴィジョンに基づいている。このヴィジョンは、日々の生活に創造的に取り組むと同時に、内的静けさや瞑想を通してリラックスすることができる、新たな人類を表している。

**場所**

ムンバイの南東百マイルに位置する、活気溢れるモダンな都市、インド・プネーにあるOshoインターナショナル・メディテーション・リゾートは、他に類を見ない旅先だ。木々の立ち並ぶ美しい居住地区にあり、二十八エーカーを超える壮大な庭と敷地を誇る施設である。

**Oshoメディテーション**

Oshoインターナショナル・メディテーション・リゾートでは、あらゆるタイプの人のために、多種多様な瞑想法――活動的なものから受容的なものまで、また、伝統的なものから革新的なものまで――が、提供されている。特にOshoアクティブ・メディテーションが推奨される。瞑想は、世界最大級の瞑想ホールであるOshoオーディトリアムで、毎日行われている。

**Oshoマルチバーシティ**

Oshoマルチバーシティでは、多種多様な分野の個人セッション、コース、ワークショップが用意されている。クリエイティブ・アートからホリスティックヘルスケア、自己変革、人間関係、人生の転換期、秘伝科学、スポーツやレクリエーション活動に生かせる「禅」アプローチに至るまで、様々なトピックがカバーされている。また、瞑想自体を、人生や仕事に役立つライフスタイルへと転換する内容のプログラムも用意されている。Oshoマルチバーシティの成功は、全てのプログラムが瞑想と組み合わされており、人間がパーツの集合体というだけではないことが理解できるようになっていることにある。

**Oshoバショ・スパ**

豪華なバショ・スパは、木々や熱帯の植物に囲まれた、ゆったりとした屋外スイミングを提供している。ユニークなスタイルを誇る広々としたジャグジー、サウナ、ジム、テニスコートは、どれも驚くほど美しい環境に恵まれている。

**食事**

キャンパス内にある数ヵ所のレストランで、毎日美味しいベジタリアンの西欧料理、アジア料理、インド料理が楽しめる。ほとんどの食材が、メディテーション・リゾート用に特別に有機栽培で育てられたものだ。パンやクッキーは、リゾートのベーカリーで作られたものが用意されている。

**ナイトライフ**

ダンスを筆頭に、多数のイヴニング・イベントが開催されている。その中には、星空の下でのフルムーン・メディテーション、ショー、ライブ、瞑想などがある。

## 設備

Galleriaでは、生活必需品や化粧品類が購入できる。マルチメディアギャラリーでは、Ｏｓｈｏの様々なメディア商品が販売されている。また、銀行、旅行手配会社、サイバーカフェがキャンパスにある。ショッピングを楽しみたいなら、プネーでは伝統的なインド民芸品から世界的ブランドのものまで、どんなものでも揃っている。

## 宿泊

洗練されたＯｓｈｏゲストハウスに宿泊することもできるし、キャンパスでの長期滞在にはＯｓｈｏリビングインプログラムを選択することもできる。さらに、付近には、様々なホテルやサービスアパートメントも多くある。

www.osho.com/meditationresort
www.osho.com/guesthouse
www.osho.com/livingin

# 訳者あとがき

私が初めてＯｓｈｏを知ったのは、今から約六年前。

『ＪＯＹ』（山川紘矢・山川亜希子訳、角川書店）を手にとって読んだことがきっかけです。そのとき私は「ＪＯＹ」、つまり喜びの本当の在り処を知ることになりました。そしていつしか、私もＯｓｈｏの本を翻訳してみたい、と思うようになったのです。

そして、その願いが現実に叶う形で、本書ができあがったことを大変ありがたく思います。

また、Ｏｓｈｏの講話録は日本語に翻訳されたものもたくさんありますが、本書はＯｓｈｏ自身が手書きで書いた稀な物であり、また物語形式になっていることから、違った形でＯｓｈｏの魅力をお届けできることを嬉しく思います。

私自身、次のページにはどんなことが書いてあるのか、興味津々で読み進めながら翻訳作業をしてきましたが、それは、自分自身の気づきや目覚めも促される素晴らしい時間でした。本書の中でＯｓｈｏは、人生は自分自身の創造だと説きますが、その通り、私も人生を自分で創っていくという学びの中で本書に出会えたことを、この上なく幸せに思います。


Ｏｓｈｏは序文からこう言います。

人は自分の中の魂の炎を上昇させ続ける時、初めてほんとうの意味で人間になり、そして、人生を発見すると。

Ｏｓｈｏの言葉、そして本書の60のストーリーは、私たちに、人はどこから来てどこへ帰っていくのか、そして、この世界で生きるとはどういうことなのか、どう生きるべきなのか、という問いへの回答を与えてくれます。

その回答は、それぞれの受け取り方によって違うものであると思いますが、一人一人内側に答えを持っており、その答えはあなたに見つけてもらいたがっているということは間違いありません。

本書が一人でも多くの人の魂に火をつけ、それが延々と燃え盛り、上昇を続けていく炎となるきっかけになることを願っています。

なお、本書の翻訳にあたっては、OSHO INTERNATIONAL FOUNDATION のガイドラインに則り、Ｏｓｈｏの言葉とリズムを崩さないように翻訳しておりますため、日本語に訳した時に強すぎる表現や不快な表現も含まれているとお感じになる方もいらっしゃるかと思いますが、ご容赦いただけますようお願いします。

またこのガイドラインには、翻訳者はＯｓｈｏを愛しており、その本質を感じ取っていること、とあり、私が本書の翻訳に取り組むにあたって、この言葉には大変勇気づけられました。

最後に、大和書房の鈴木様はじめ、本書の刊行に関わってくださった全ての方々に感謝致します。

二〇一九年十一月　Amy Okudaira（奥平　亜美衣）